Kid/Quid ?

COLLECTION DIRIGÉE PAR
CHRISTIANE DUCHESNE

Tous droits de traduction, de reproduction
et d'adaptation réservés
©1996 **Éditions Québec/Amérique inc.**

Dépôt légal :
2e trimestre 1996
Bibliothèque nationale du Québec
Bibliothèque nationale du Canada

Révision linguistique : Diane Martin - Michèle Marineau
Conception graphique : Caroline Fortin
Montage : Yanik Préfontaine
Illustrations : © Québec/Amérique International
Logo Kid/Quid? : Raphaël Daudelin
Fabrication : Tony O'Riley

Diffusion : Éditions françaises,
1411, rue Ampère, Boucherville (Québec) J4B 5Z5
(514) 641-0514 • 1-800-361-9635 - région extérieure
(514) 641-4893 - fax

Données de catalogage avant publication (Canada)
Duchesne, Christiane, 1949-
   Cyrus, l'encyclopédie qui raconte
   (Kid/Quid? ; 7)
   Comprend des index.
   L'ouvrage complet comprendra 12 v.
   Pour les jeunes.
   ISBN 2-89037-697-4 (série) - ISBN 2-89037-801-2 (v. 7)
   1. Encyclopédies et dictionnaires pour enfants.
I. Marois, Carmen, 1951-   . II. Titre. III. Collection.
AF25.D82 1995   j034' .1   C95-940949-1

Christiane Duchesne   Carmen Marois

7
Cyrus
l'encyclopédie qui raconte

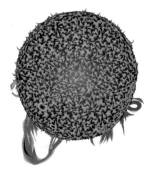

Québec/Amérique

1380 A, rue de Coulomb, Boucherville (Québec) J4B 7J4
Tél. : (514) 655-6084 • fax : (514) 655-5166

À Catherine et à Marie,
les deux *sages* femmes qui m'ont aidée
à venir au monde.

C. M.

Avant-propos

Quand elle ouvre les yeux, ils lui donnent un arbre
Et son monde branchu, ils lui donnent le large
Et son content de ciel,
Puis elle se rendort pour emporter le tout.

Jules Supervielle
L'enfant née depuis peu

Les enfants posent des questions de toutes les espèces et c'est tant mieux. Sinon, comment comprendraient-ils le monde? Mon père avait comme principe de ne jamais répondre «Je ne sais pas» à une question que nous lui posions quand nous étions petits. J'ai fait la même chose. J'ai cherché des réponses toute ma vie et je m'aperçois aujourd'hui que ce fut toujours un plaisir. Des milliers de questions pour expliquer l'histoire des choses, la vie de la planète, les angoisses de l'homme, la vie animale, l'univers végétal, le cosmos et le cœur des gens. Je vous laisse trois cent soixante histoires, à relire souvent, non seulement pour apprendre la réponse à des questions surprenantes, mais surtout pour connaître ce que les autres ont voulu savoir.

P.S. : La seule question à laquelle je n'arrive jamais à répondre exactement de la même façon est «Qui suis-je?», et ce n'est pas plus mal puisque tous les jours créent des différences.

Cyrus

Légende

La Terre et l'espace, phénomènes et inventions

Les animaux, leurs habitudes et leurs particularités

Les végétaux, arbres, fleurs et tout ce qui pousse

Les gens, leur corps et leur vie

Curieuses questions

Les insectes ont-ils des muscles ?

Antonin aurait bien voulu voir le chat noir qui erre depuis quelques semaines dans le jardin de Cyrus. Mais le chat squatter ne se laisse pas approcher, sauf par Alice.

— On ne le voit jamais! grogne Antonin. Vous ne voulez pas qu'il joue avec Alice? Vous croyez qu'il a des puces?

— Non, Antonin. Je n'ai rien contre ce cher chat. C'est lui qui a une âme de solitaire. Et je ne crois pas qu'il ait des puces...

— Vous ne trouvez pas que c'est dommage? Parce que, si votre chat noir avait des puces, vous pourriez les attraper et créer un cirque de puces!

— Antonin, tu as parfois des idées tellement farfelues! Tu me vois chasser la puce? dit Cyrus en riant. J'ai bien assez à faire avec Alice et Gratton, sans compter Sashimi.

— Qui?

— Le chat errant. Tiens-toi-le pour dit, je n'élèverai pas de puces.

— Vous y croyez, vous, aux puces savantes? demande encore Antonin.

— Hum..., fait le savant en grattant son crâne chauve.

— Est-ce qu'elles ont des muscles pour sauter? insiste Antonin.

— Savantes ou pas savantes, les puces ont bel et bien des muscles. Comme tous les insectes, d'ailleurs.

Antonin ne peut s'empêcher de rire.

— Les insectes, poursuit Cyrus, ont des muscles... Cesse de rire, Antonin!

— J'imagine une sauterelle avec des haltères! dit le garçon en pouffant.

— Ils ont des muscles, disais-je, et leur squelette est à l'extérieur de leur corps. Ils doivent régulièrement se débarrasser de ce squelette, leur carapace, sinon ils ne grandiraient jamais.

— Les insectes volent, ils sautent, ils creusent, ils mangent, ils chassent! Il faut des muscles pour ça!

— Je ne te le fais pas dire! acquiesce Cyrus en riant.

— Mais ils sont si petits qu'on ne pense pas à leurs mini-muscles.

— Ces muscles se contractent et s'étirent exactement comme les tiens, quand tu manges, quand tu marches, quand tu sautes...

— Pour faire bouger leurs ailes, pour décortiquer leur nourriture, pour sauter comme les puces! Oh! Cyrus, on ne réfléchit pas assez!

— On ne peut pas penser à tout, mon pauvre Antonin!

— J'aimerais bien disséquer un insecte, un jour, et l'examiner au microscope pour voir sa musculature.

— Tu devrais choisir le scarabée Goliath d'Afrique, qui peut atteindre dix centimètres. Ou, mieux, le phasme du Sud-Est asiatique qui, lui, peut mesurer trente centimètres!

— J'aurais peur! J'aimerais mieux une grosse mouche, dit Antonin.

— En attendant, aide-moi plutôt à brosser Gratton. Il a besoin

11

d'un bon ménage...

— Qui sait s'il n'a pas une petite puce cachée dans son poil? dit Antonin avec un sourire moqueur.

Le perce-oreille, ou forficule, porte bien mal son nom. Il se nourrit de fruits et, même si son apparence n'est pas à son avantage et qu'il nous dégoûte un peu, il n'a jamais percé d'oreilles.

Pourquoi y a-t-il du tonnerre l'été et pas l'hiver?

— Dépêchons! ordonne Cyrus. L'orage gronde.

Tibérius et le savant s'empressent de ranger le barbecue et les chaises de jardin.

— Va fermer la fenêtre de ta chambre, ajoute Cyrus. Je m'occupe du rez-de-chaussée.

Bientôt, l'orage éclate.

— Pourquoi faut-il toujours que le tonnerre éclate l'été, alors qu'il fait beau et chaud, et jamais l'hiver, lorsqu'on n'a pas envie de manger à l'extérieur? demande Tibérius, déçu.

— Cela est dû à un phénomène physique. L'été, l'air chauffé au sol monte vers le ciel. Là-haut, l'air chaud forme des poches qui se superposent. Une fois arrivées en haute altitude, ces poches d'air chaud se refroidissent.

— Et alors?

— Alors? Elles redescendent! Ces mouvements d'air, ascendants et descendants, provoquent des turbulences au sein des formations nuageuses.

— De grosses turbulences?

— D'énormes turbulences. C'est gigantesque! Les nuages sont formés de millions de gouttelettes d'eau. Celles-ci sont furieusement agitées dans ce mouvement incessant de l'air. Elles passent ainsi sans arrêt de la grêle à la pluie. Du froid au chaud.

— Qu'est-ce que ce mouvement produit, oncle Cyrus?

— De l'énergie électrique.

— Les particules négatives attirent les positives, et vice versa, n'est-ce pas? demande Tibérius.

— Oui. Les particules chargées positivement attirent les particules négatives du même nuage, d'un autre nuage, ou celles qui sont au sol, explique l'érudit.

— C'est ce qui provoque la foudre?

— Oui. Contrairement à ce qu'on croit, la foudre monte de la terre vers le ciel. On ne s'en aperçoit pas parce qu'elle voyage trop vite.

— À la vitesse de l'éclair!

— L'éclair, en effet, déchire l'air à une vitesse de cent quarante-cinq kilomètres à la seconde!

— Impressionnant! s'exclame Tibérius.

— Il produit une décharge électrique de cent vingt-cinq millions de volts.

— Je comprends maintenant pourquoi rien ni personne n'y résiste, déclare le garçon.

— Tu sais, poursuit son oncle en replaçant les brochettes au réfrigérateur, un orage moyen dégage douze fois plus d'énergie que la bombe atomique lancée sur Hiroshima.

— Non!

— Lorsque la foudre zèbre ainsi le ciel, il se produit un réchauffement brutal de l'air tout autour. Celui-ci se dilate à une vitesse supersonique.

— C'est ce qui crée le tonnerre! complète Tibérius.

— Et comme la lumière voyage plus rapidement que le son, nous voyons l'éclair bien avant d'entendre le tonnerre.

— Notre barbecue est à l'eau, et je meurs de faim!

— Dès que la pluie aura

cessé, je t'emmène au restaurant.

— Oncle Cyrus, vous êtes génial!

— Venant de toi, mon neveu, le compliment me ravit.

Le parapluie était connu des Chinois dès le IIe siècle avant J.-C. De Chine, le parapluie se rendit en Perse. C'est là qu'au XVIIIe siècle un explorateur anglais, sir Jonas Hanway, le «découvrit». Il l'introduisit ensuite en Angleterre. On prit Hanway pour un fou, lorsque, en 1750, il se promena pour la première fois dans les rues de Londres avec un parapluie. Ce n'est qu'en 1786 que cet article est devenu d'usage courant.

Pourquoi les personnes âgées rapetissent-elles?

Tania voudrait bien que Cyrus lui permette d'essayer son violoncelle. Mais il refuse toujours.

— Tania, tu es trop petite encore. Essaie plutôt mon violon! Tu vas grandir et...

— Mais je grandis, Cyrus! répond Tania fermement. Et j'en ai assez de me faire répéter que je vais grandir! On ne vous dit pas, à vous, que vous allez rapetisser!

— Voilà qu'elle se fâche, ma tigresse! dit Cyrus. Qu'est-ce que tu racontes!

— C'est vrai! rétorque la petite. Plus vous vieillissez, plus vous rapetissez!

— Tu as raison, admet Cyrus. Mais je n'en suis pas encore là! Je mesure précisément un mètre quatre-vingt-trois depuis des dizaines d'années.

— Mais vous allez y passer, comme tout le monde! Vous avez vu à quel point ma grand-mère est devenue petite?

— Elle n'a jamais été bien grande, souligne Cyrus.

— Mais elle ratatine! insiste Tania.

— C'est normal, réplique Cyrus. À ton âge, on se tient bien droit, on a la colonne vertébrale en bonne forme...

— Et après, ça se gâte?

— Tu sais de quoi est constituée ta colonne?

— De vertèbres, répond la petite.

— Mais ce n'est pas tout, ajoute Cyrus. Entre les vertèbres, qui sont des os, se trouvent des morceaux de cartilage qu'on appelle des disques. Ils jouent le rôle de coussins et empêchent les os de la colonne de se frapper les uns contre les autres. Ils permettent, avec les muscles, le mouvement souple de ta colonne vertébrale. Or, avec le temps, les disques s'usent, ils vieillissent. Les os aussi, d'ailleurs : avec l'âge, ils deviennent moins compacts et plus fragiles.

— C'est pourquoi la colonne vertébrale rapetisse...

— Oui, comme si elle se tassait sur elle-même. Disques et vertèbres perdent de leur volume.

— Et les muscles? Ils n'arrivent pas à tenir tout ça d'aplomb?

— Ils se fatiguent, eux aussi. On ne leur fait pas faire suffisamment d'exercice, ils ramollissent, perdent de leur fermeté.

— Et tout ça, juste parce qu'on vieillit?

demande Tania.

— Parce qu'en vieillissant on fait moins d'exercice, on va moins souvent prendre l'air, on boit moins de lait. En réalité, on perd les bonnes habitudes de notre enfance...

— Il faudra que je veille à tout cela, déclare Tania avec un grand soupir. Vous y pensez, vous, Cyrus, à faire de l'exercice, à sortir beaucoup, à profiter du soleil, à boire du lait, et tout, et tout?

— J'y pense encore, dit Cyrus. Mais je reconnais qu'à mon âge on ressent tout de même les effets du vieillissement...

— Vous n'avez même pas de cheveux blancs, dit Tania en riant.

— Tout le monde me la fait, celle-là! dit le savant chauve. Je t'avoue que, avec ou sans cheveux blancs, j'ai de plus en plus souvent besoin de mes lunettes, ma peau se ride inévitablement, j'entends sans doute moins bien qu'avant...

— Ne vous en inquiétez pas trop, Cyrus, vous n'avez pas l'air vieux! C'est ce qui compte, non?

— Et même si j'avais l'air? Ce ne serait pas plus mal...

Le vieillissement de la peau est accéléré par l'exposition répétée au soleil. La prudence est maintenant de mise, car les cas de cancer de la peau augmentent de façon impressionnante. Il ne faut toutefois pas ignorer totalement le soleil, car c'est grâce à lui que notre organisme fait la synthèse de la vitamine D.

Pourquoi les lamas crachent-ils toujours ?

— Je crois que je n'aime pas vraiment les zoos, oncle Cyrus.

Le savant et son neveu Tibérius s'éloignent lentement de la fosse des ours polaires. Tibérius, qui avait insisté pour venir, est déjà lassé.

— Sans les zoos, rétorque Cyrus, il y a une foule d'animaux que tu ne verrais jamais.

— Je sais, soupire le garçon. Mais je crois que ça me déprime de voir tous ces animaux en cage. Et puis, il y a tellement de barrières, de clôtures et de grillages que je ne sais plus qui, de moi ou des animaux, est enfermé !

— Je comprends ton sentiment, répond Cyrus. Mais ce zoo est superbement entretenu et les animaux y sont bien traités.

— Oui, mais ils sont prisonniers !

— Tu sais, en liberté, leur vie est beaucoup plus dure qu'ici. Leur espérance de vie est moins longue. Dans ce zoo, ils sont comme dans un hôtel trois étoiles.

— Un hôtel dont il est interdit de franchir la porte de sortie!

Leurs pas les conduisent devant un grand enclos où sont rassemblés cinq lamas et trois alpagas, leurs proches parents.

— Est-ce vrai, demande Tibérius en observant les ruminants, que les lamas crachent toujours?

— Il est inexact de dire qu'ils crachent toujours. Ils crachent, certes, mais seulement lorsqu'ils sont en colère.

— S'ils sont attaqués?

— Attaqués, agressés ou simplement embêtés. Je ne te conseillerais pas, par exemple, de t'amuser à leur tirer la queue ou la barbichette.

— Ou de les arroser avec un pistolet à eau!

— Lorsqu'ils se sentent menacés, les lamas crachent pour éloigner l'importun.

— Est-ce qu'ils crachent de l'eau comme dans *Le Temple du soleil*? demande Tibérius, qui revoit la scène où le capitaine Haddock se fait arroser.

— Non, lui répond son oncle

en riant. Les lamas ne crachent pas de l'eau claire, mais de la nourriture mêlée à leur salive.

— Ouach! fait Tibérius. Je suppose que, si le danger est réel, ils se sauvent plutôt qu'ils ne crachent!

— Évidemment. Les lamas sont des ruminants, c'est-à-dire en général des bêtes pacifiques qui se nourrissent d'herbe ou, comme ici, de foin et de moulée.

— Ils vivent bien en Amérique du Sud?

— Oui, confirme Cyrus. Dans les zones montagneuses de cette région du globe. Dans les Andes péruviennes, on les domestique et ils servent d'animaux de bât ou de trait. Les lamas sont d'excellents grimpeurs, tu sais, et ils peuvent porter de très lourdes charges.

— Pourrait-on dire, oncle Cyrus, que les lamas sont aux Andes ce que les chameaux sont au Sahara?

— Tibérius, mon garçon, je t'adore! Oui: tout comme les

chameaux, les lamas ont un caractère vif mais des dons exceptionnels. De plus, ils fournissent de la laine.

L'alpaga, mammifère ruminant proche parent du lama, est depuis longtemps domestiqué en Amérique du Sud. Il fournit une laine d'excellente qualité.
Le nom d'alpaga désigne également un tissu très prisé, mélange de laine et de soie.

D'où viennent les aimants?

— Vous avez vu, Cyrus? Vous avez vu? s'écrie Grégori, au comble de l'excitation. Des dizaines de petits aimants que j'ai fabriqués à partir d'un gros!

— Comment t'y es-tu pris? demande Cyrus en examinant les miettes anthracite.

— Avec une masse et des lunettes protectrices! s'exclame Grégori, très fier de lui. Chaque petit morceau d'aimant est lui-même un aimant! C'est fabuleux.

— Tu sais d'où viennent les aimants? demande Cyrus.

— De... de... Je ne sais pas.

— Il y a environ deux mille cinq cents ans, on a découvert une pierre qui avait l'étrange particularité d'attirer les objets en fer. On l'a baptisée magnétite. Non seulement elle attire certains objets, mais, en plus, elle leur transmet son pouvoir d'attraction.

— C'est une pierre contagieuse!

— En fait, la magnétite possède les mêmes qualités que...

— Ne le dites pas! Je le sais. La magnétite possède les mêmes qualités que la Terre, qui est le plus gros aimant du monde!

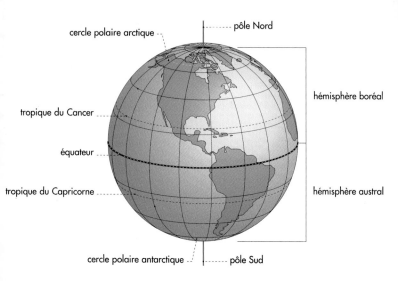

cercle polaire arctique

pôle Nord

hémisphère boréal

tropique du Cancer

équateur

tropique du Capricorne

hémisphère austral

cercle polaire antarctique

pôle Sud

— Bravo, Grégori! La Terre possède deux pôles magnétiques, et les aimants aussi.

— C'est comme ça que les boussoles peuvent indiquer le nord!

— Pas si vite, mon petit savant! L'aiguille d'une boussole est aimantée, voilà pourquoi elle indique la direction du pôle Nord magnétique. Sais-tu qui a inventé la boussole?

— Les Chinois! répond aussitôt Grégori.

— Tu as encore raison!

— Mais j'ai dit ça comme ça, dit Grégori, lui-même impressionné. Ce sont presque toujours les Chinois qui inventent les choses...

— Les Chinois ont inventé la boussole au premier siècle de notre ère. Mais les Grecs avaient découvert la magnétite au VIIe siècle avant Jésus-Christ.

— Ils avaient compris que la magnétite attire le fer, et pas le bois. Mais pourquoi au juste, Cyrus?

— Parce que les métaux contenant du fer, de l'acier ou du nickel subissent l'attraction de l'aimant. Le bois, l'argent, le verre, le cuivre, le plastique, rien de tout cela ne réagit à l'attraction de l'aimant.

— En magnétite, précise Grégori.

— Non. Les aimants ne sont plus faits en magnétite.

— J'ai donc fracassé un aimant artificiel! s'exclame Grégori.

— Eh oui! Pourquoi au juste as-tu fait ça? demande Cyrus.

— Pour confirmer ce que je pensais déjà : que chaque morceau d'aimant devient un aimant lui-même. On coupe l'aimant en deux et cela nous donne deux aimants qui ont le même comportement... Ils ont chacun un pôle nord et un pôle sud.

— Grégori, tu m'épates! Il faudrait que je te prête un livre fort intéressant sur le magnétisme et l'utilité des aimants.

— Savez-vous, Cyrus, comment désai-
manter un aimant? En le chauffant!

— Grégori, tu devrais préparer un cours
sur les aimants pour ta classe.

— J'y pense, Cyrus, j'y pense...

Le nom de magnétite,
que l'on a donné
à l'aimant naturel,
a été tiré du nom de
la ville de Magnésie,
en Asie Mineure.

Pourquoi bégaie-t-on?

Tibérius entre en coup de vent et claque la porte d'entrée.

— Que se passe-t-il? crie Cyrus.

Le garçon reprend son souffle.

— Le feu... dans une aile de l'abbaye...

— Grave? s'inquiète Cyrus.

— Non... Tout est à présent maîtrisé. Il faudra attendre pour connaître l'ampleur des dégâts.

— Viens t'asseoir, dit Cyrus. Mère Marie-Madeleine doit être dans tous ses états.

— À qui le dites-vous! Je l'ai croisée alors que les pompiers s'efforçaient d'éteindre les flammes. Elle a voulu m'expliquer

quelque chose, mais elle bégayait tellement que je n'ai rien compris!

— Pauvre MM&M!

— Elle avait les larmes aux yeux et ses mains tremblaient très fort! dit Tibérius.

— Il y a de quoi, cher neveu! L'abbaye est un magnifique monument, un bijou d'architecture! Et notre Marie-Madeleine en est responsable, ainsi que de ses trente nonnes.

— Dites, oncle Cyrus, pourquoi nous arrive-t-il parfois de bégayer?

— Dans le cas de MM&M, c'était dû à l'émotion. Cela arrive souvent. Des gens qui, normalement, n'ont aucun problème d'élocution se mettent à bégayer au moment de prononcer un discours ou de demander une augmentation à leur patron!

— Mais qu'est-ce au juste que le bégaiement? demande Tibérius.

— C'est une difficulté à produire correctement un mot ou un son. Cela, parce qu'on place mal sa langue ou que l'on respire mal.

— Quand on a une mauvaise technique?

— Tout à fait. Tu sais, enfant, on apprend à parler. On apprend à reproduire les sons qu'on entend autour de nous.

— Mais on ne s'en rend pas compte,

remarque Tibérius.

— Non, car cela s'effectue naturelle-ment. Si tu entends parler chinois autour de toi, tu répéteras des mots chinois. Cer-taines personnes possèdent la faculté de reproduire aisément les sons. D'autres ont plus de difficultés et, par conséquent, doivent faire un effort plus grand.

— Je n'avais jamais réfléchi à cela, admet Tibérius. Je croyais qu'on appre-nait tous à parler de la même façon et avec la même facilité.

— Eh non! Certains doivent travailler plus fort que d'autres.

— Cela a-t-il à voir avec l'intelligence? s'inquiète Tibérius.

— Absolument pas! Quelqu'un d'ex-trêmement intelligent peut avoir des diffi-cultés d'élocution. Il est évident que si l'enfant est stimulé par son milieu, il apprendra plus vite. Cela vaut pour la parole comme pour le reste, précise le savant.

— On peut être doué pour le dessin, pour la course à pied ou pour parler, c'est ce que vous voulez dire?

— Oui. Bien sûr, quelqu'un peut avoir de la difficulté à retenir un nombre im-portant de mots, à les agencer et à for-muler une idée. Un autre peut ne pas être doué pour reproduire les mots. Il va alors bégayer, zézayer, hésiter, chuinter, mais tous ces problèmes sont corrigibles.

— Merci, oncle Cyrus. Si on allait voir dans quel état se trouve MM&M?

Démosthène est né à Athènes en 384 avant J.-C. On raconte que cet orateur et homme politique grec souffrait, enfant, de graves problèmes d'élocution. Il les résolut en se forçant à parler seul devant la mer. Adulte, il était d'une éloquence sans égale.

Si les bougies s'éteignent quand il n'y a pas d'oxygène, comment le Soleil fait-il pour brûler?

— Joseph, tu te souviens du jour où tu m'as demandé pourquoi les genoux des pattes de derrière des chiens sont à l'envers?

— Bien sûr, dit Joseph. Mais je ne vois pas le rapport.

Cyrus finit de ficeler le gigot qu'il mettra à sécher, le tapote pour lui donner une forme décente et le dépose sur un lit de gros sel.

— Joseph, tu viens de me poser une question complexe : si les bougies s'éteignent quand il n'y a pas d'oxygène, comment le Soleil fait-il pour brûler?

— Je ne vois toujours pas le rapport...

— Je t'explique. Ce que tu appelais le genou du chien n'était pas un genou. Aujourd'hui, je te dis que le Soleil ne brûle pas!

— Non! fait Joseph, atterré. Je ne vous crois pas!

— Mais si, mais si!

— Le Soleil ne brûle pas! répète lentement Joseph, absolument sidéré par les mots qu'il prononce.

— Le Soleil est une étoile. Il est composé, en surface, de soixante et onze pour cent d'hydrogène et de vingt-sept pour cent d'hélium. On y trouve également deux pour cent d'éléments chimiques plus lourds.

— Surtout, donc, d'hydrogène et d'hélium, reprend Joseph.

— Dans cette énorme boule de gaz se produit un phénomène thermonucléaire, qui n'a rien à voir avec le phénomène de la bougie qui brûle.

— Ce sont deux choses absolument différentes? demande Joseph.

— Oui. Dans le cas de la bougie, il s'agit de combustion. La bougie a besoin d'oxygène pour brûler. Lorsqu'on l'en prive, elle s'éteint.

— Et dans le cas du Soleil?

— Pour que le Soleil brûle comme une bougie, il faudrait qu'il soit fait de matériaux combustibles, de bois ou d'essence, par exemple.

— Et ce n'est pas le cas! s'exclame Joseph.

— Pas du tout! Je te l'ai dit, le Soleil est formé de gaz. Dans son noyau, où la température est de quinze millions de degrés...

— Aïe! crie Joseph. Quinze millions!

— Cette température très élevée favorise plusieurs réactions nucléaires. L'hydrogène se transforme en hélium. Cela libère une énorme quantité d'énergie...

— Ce que vous voulez me faire comprendre, c'est que cela n'a rien à voir avec de la matière qui brûle et qui finit par s'éteindre. Ce sont des gaz qui réagissent entre eux, provoquant des réactions qui dégagent de l'énergie et de la chaleur.

— Joseph, tu comprends bien.

— Donc, le Soleil n'est pas près de s'éteindre?

— Il peut continuer encore pendant cinq à sept milliards d'années.

— On n'a pas fini de l'admirer lorsqu'il se lève! dit doucement Joseph. J'aime m'éveiller tôt et arriver au bout du champ avant le lever du soleil.

— J'irais bien avec toi, un de ces jours. Nous pourrions y aller à cheval et inviter Anastasie à nous accompagner. Tu sais combien elle aime les levers de soleil, elle

aussi. Monsieur Larres nous prêtera sûre-
ment Ésope, Isis et Osiris.

— Vendredi? demande Joseph, le
regard heureux. C'est congé!

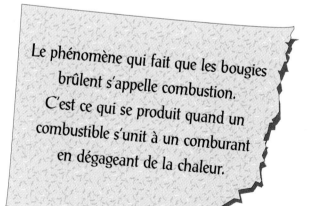

Le phénomène qui fait que les bougies
brûlent s'appelle combustion.
C'est ce qui se produit quand un
combustible s'unit à un comburant
en dégageant de la chaleur.

Pourquoi les serpents tirent-ils la langue pour tuer?

«Pour qui sont ces serpents qui sifflent sur vos têtes?» répète Tibérius. Il referme son livre et va rejoindre Cyrus sur la plage.

— Bonjour, fait le savant.

— J'ai une question, cher oncle: pourquoi les serpents tirent-ils la langue pour tuer?

L'érudit s'étire un moment.

— Contrairement à ce que l'on croit, les serpents ne tirent pas la langue pour tuer, mais pour sentir.

— Ils sentent avec leur langue?

— Pour tuer, les serpents se servent de leurs crochets, qui sont reliés aux glandes contenant le venin. Ils l'injectent au moment de la morsure. Sais-tu, mon neveu, que leurs sens ne sont pas très développés? Ainsi, ils voient mal de loin.

— Oh! Je croyais que les serpents avaient une vue perçante!

— Pas du tout. Ils perçoivent assez bien les mouvements rapprochés. Suffisamment, en tout cas, pour repérer et attaquer leur proie.

— Ils entendent?

— Comme tu le sais, les serpents n'ont pas d'oreilles externes. Quant à l'oreille interne, elle sert à l'équilibre et permet de détecter les vibrations au sol.

— Pauvres petits serpents!

— La pauvreté de leur ouïe et de leur vue est compensée par l'odorat. La plupart des serpents se servent de leur langue pour détecter leur proie.

— Comment?

— Les serpents sont dotés d'un organe sensoriel particulier appelé l'organe de Jacobson.

— Qu'est-ce que c'est?

— Un organe composé de deux cavités tapissées de terminaisons nerveuses, situées dans le palais. Ces terminaisons nerveuses ont la particularité d'être sensibles aux odeurs.

— Bizarre. Les serpents ne goûtent pas avec leur langue?

— Très peu.

Je te le répète : leur langue est utilisée pour sentir.

— Et comment fonctionne cet organe de Jacobson?

— L'air contient des particules odorantes, de même que le sol sur lequel se déplace l'animal. Grâce à sa langue fourchue, bifide, le serpent recueille ces particules et les dépose dans les deux cavités qui constituent l'organe de Jacobson.

— Là, les particules sont analysées?

— Oui. Les cavités sont reliées au cerveau par un nerf qui transmet l'information. Le cerveau analyse cette information...

— ... et identifie l'odeur!

— Exact. L'animal possède aussi des narines qui renforcent ses perceptions olfactives. Il peut donc détecter sa proie, la suivre et...

— L'engloutir!

— Oui. Les serpents se nourrissent surtout d'oiseaux, de souris, de lézards et de grenouilles, précise le savant. Certaines espèces, comme le serpent à sonnettes, sont dotées d'organes thermorécepteurs grâce auxquels ils détectent leurs proies par la chaleur qu'elles dégagent.

— Brrr! Vous me faites froid dans le dos!

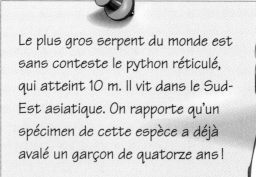

Le plus gros serpent du monde est sans conteste le python réticulé, qui atteint 10 m. Il vit dans le Sud-Est asiatique. On rapporte qu'un spécimen de cette espèce a déjà avalé un garçon de quatorze ans!

Pourquoi les conifères sont-ils toujours verts?

Cyrus profite à fond du silence. Il observe l'ombre des grands pins, de plus en plus diffuse à mesure que le soir tombe. Son bonheur est brusquement interrompu par la sonnerie du téléphone.

— Allô! répond-il, bougon.

— Bonsoir, monsieur Cyrus! Si vous répondez correctement à la question suivante, vous obtiendrez un ensemble de couteaux à lame inusable...

Flairant la supercherie, Cyrus laisse parler son interlocuteur, qui finit par pouffer de rire.

— Philémon! gronde Cyrus. Quand cesseras-tu d'importuner les gens?

— Je vous dérange, Cyrus?

— Pas le moins du monde! répond le savant avec ironie. J'écoutais le silence. Un coup de téléphone, et tout s'effondre...

— Je m'excuse mille fois, vraiment mille, Cyrus. Je voulais vous poser une question et dire un mot à Tib.

— Parce qu'il s'appelle Tib, maintenant! s'exclame le savant. Eh bien, Tib n'est pas là. Pose-moi tout de même ta question.

— Je voudrais savoir pourquoi les conifères sont toujours verts.

— Ça tombe bien, j'observais les grands pins, dit Cyrus. Mon cher Philémon, les conifères restent verts parce qu'ils sont habillés de jeunes aiguilles ou de jeunes feuilles, recouvertes d'une couche protectrice qui leur permet de résister à la sécheresse et aux rigueurs de l'hiver.

— Vous avez dit de jeunes aiguilles ou de jeunes feuilles...

— Beaucoup de gens croient, à tort, que les conifères sont toujours verts parce qu'ils ne perdent pas leurs feuilles. Or, ils les perdent bel et bien.

— Mais c'est vrai! s'écrie Philémon. Sinon il n'y aurait pas, dans certaines forêts, ce tapis d'aiguilles rousses!

— Tu as parfaitement raison. À l'exception du mélèze, qui se dépouille complètement de ses feuilles chaque année, les conifères ne perdent leurs feuilles ou leurs aiguilles que tous les trois ou quatre ans.

— Mais pas toutes en même temps!

— Non. Chaque année, certaines aiguilles tombent et sont remplacées par de jeunes aiguilles bien vertes et bien fortes.

— Et d'autres tombent, et d'autres

poussent, et encore, et encore, de sorte que l'arbre a l'air d'être toujours rempli d'aiguilles vertes.

— Voilà! dit Cyrus.

— Je suis content que vous ayez pris le temps de répondre à ma question.

— Tu avais un devoir à faire sur les conifères, petit malin?

— Non, pas du tout. C'est plus compliqué que ça... En fait, c'est à cause de Philomène.

— Philomène, l'amie de Pénélope?

— Elle-même... Elle a toujours des théories sur tout, dont une parfaitement fausse sur les conifères...

— Et tu souhaites lui clouer le bec!

— Pour une fois! dit Philémon. Je ne vous ai pas trop dérangé, Cyrus?

— Mais non, tu sais bien. Il me reste encore toute la soirée pour profiter du silence.

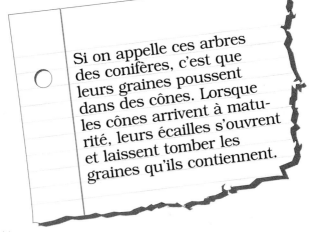

Si on appelle ces arbres des conifères, c'est que leurs graines poussent dans des cônes. Lorsque les cônes arrivent à maturité, leurs écailles s'ouvrent et laissent tomber les graines qu'ils contiennent.

Comment les moules se reproduisent-elles?

— J'ai fait un repas gargantuesque, soupire Cyrus en repoussant le plat rempli de coquilles vides.

— Je me sens un peu comme ce python réticulé d'Asie du Sud-Est dont vous me parliez l'autre jour, renchérit Tibérius. Parlez-moi des moules, ajoute-t-il. Comment font-elles pour se reproduire?

— Les moules, répond le savant repu, sont des mollusques.

— C'est-à-dire?

— Des invertébrés dont le corps mou est protégé par une coquille. Les moules appartiennent à la catégorie des mollusques bivalves, à deux coquilles. Il existe des moules mâles et des moules femelles.

— Comment les différencie-t-on?

— C'est très difficile, explique Cyrus. Pour y arriver, il faut les ouvrir.

— Ce qui les fait mourir, dit Tibérius.

— Les moules mâles ont des testicules; les femelles, des ovaires. Mais les mollusques ne s'accouplent pas.

— Comment font-ils alors?

— La femelle pond ses œufs au printemps et en été. Elle libère ses œufs dans l'eau. Le mâle, avec son sperme, les fécondera ensuite.

— Ce n'est pas très sûr comme technique, souligne Tibérius.

— Regarde les restes du dîner! rétorque l'érudit. La technique a tout de même une certaine efficacité! Quand le sperme entre en contact avec les œufs, une cellule se forme et commence aussitôt à se diviser. On assiste à la naissance d'une larve.

— Elle flotte dans l'eau?

— Au début, oui. Elle grandit et bientôt peut nager. Elle continue à se développer et forme sa coquille. Elle peut alors se fixer à un rocher ou à une coquille vide.

— Comment fait-elle pour s'accrocher aux rochers?

— Elle sécrète une espèce de colle résistante à l'eau. On en étudie actuellement la nature, car elle pourrait nous être fort utile.

— Une fois la moule accrochée au

rocher, que se passe-t-il?

— À ce stade, la petite moule a un pied pour se déplacer et des branchies pour filtrer l'eau.

— Comme une grande! Mais dites-moi, oncle Cyrus, comment les œufs et le sperme sortent-ils des moules?

— Ces mollusques possèdent un organe appelé siphon, situé du côté opposé à la charnière. Le siphon a deux extrémités, une pour aspirer et l'autre pour exhaler. C'est grâce au siphon que la moule peut respirer, manger, éjaculer ou pondre ses œufs.

— Toutes ces fonctions pour un même organe! s'écrie Tibérius.

— Oui. Avec le siphon, la moule aspire, filtre et éjecte l'eau. Pour ce faire, elle entrouvre légèrement sa coquille.

— C'est pourquoi la charnière est située du côté opposé.

Tibérius observe en silence l'énorme plat de moules vides.

— Si on débarrassait la table de toutes ces coquilles, dit-il enfin. J'ai un peu mal au cœur...

On appelle mytiliculture l'élevage des moules et ostréiculture celui des huîtres.

Comment se fait-il que la Lune soit plus petite quand elle est haute et plus grosse quand elle est basse ?

— Toujours pas de nouvelles de mister Pagton! soupire Cyrus. Retenu au Moyen-Orient! Qu'est-ce que tout cela veut dire? Et Cyclamène, la mère de Tibérius, elle ne s'inquiète pas de ce lourd silence? D'ailleurs, qu'arrive-t-il à celle-ci dans sa lointaine île de Bornéo?

— Avez-vous vu la Lune? gronde derrière Cyrus une voix majestueuse.

Cyrus sursaute.

— Madame Ostrowski!

— En personne! dit la blonde dame avec un large sourire.

— Excusez-moi, je suis un peu préoccupé! dit Cyrus.

— Moi aussi, voyez-vous! Je me demande bien pourquoi, certains soirs, nous avons des levers de lune aussi extravagants! Voyez-vous, elle est grosse, et ronde, et presque rouge! Une merveille, vous ne trouvez pas? Pourquoi est-elle ainsi ce soir? Hier, elle était petite et blanche, comme à son habitude! Le jour où on m'expliquera ce drôle de comportement, j'offrirai le

cham-
pagne!

— Je vais
vous l'expli-
quer tout de
suite! dit Cyrus.

— Vraiment?

— Vraiment! La Lune ne change jamais de taille...

— Ça, je le sais! Mais c'est quand même curieux, vous ne trouvez pas, de la voir parfois très grosse et parfois normale!

— Quand elle est très grosse...

— ... et rouge! s'exclame madame Ostrowski.

— Une chose à la fois, madame! Quand elle nous semble très grosse, c'est une illusion d'optique. Nous ne voyons pas souvent la Lune sortir de derrière l'horizon. Cela dépend de l'heure à laquelle elle se lève.

— Nous la voyons donc, certains soirs, se lever sur nos terres..., dit madame Ostrowski.

— C'est là que se produit l'illusion d'optique : nous sommes en mesure de comparer la Lune avec des objets connus, des choses que nous voyons tous les jours et qui, pour nous, sont des repères. Si nous la voyons apparaître à côté d'un gratte-ciel, notre œil et notre cerveau vont la mesurer en fonction de ce gratte-ciel.

— Et comme elle est des centaines et des milliers de fois plus grosse que le gratte-ciel, notre cerveau conclura qu'elle est grosse?

— En effet. Lorsque la Lune est au beau milieu du ciel, nous n'avons plus de repères. Cela veut dire que nous ne pouvons plus comparer sa taille avec celle d'objets que notre œil connaît bien.

— Monsieur Cyrus, c'est un plaisir de vous écouter...

— Je vous dirai aussi que, si la Lune est rouge lorsqu'elle est grosse, cela est dû à un phénomène atmosphérique. Ce sont les particules dispersées dans l'atmosphère qui...

— Nous devrions poursuivre notre conversation devant un bon vin chaud. Vous ne trouvez pas que la soirée fraîchit, Cyrus?

— Vous n'aviez pas parlé de champagne? murmure Cyrus en prenant le bras de madame Ostrowski.

La Lune tourne autour de la Terre à une vitesse approximative de 3700 km/h. La distance moyenne entre la Terre et la Lune est de 384 000 km.

Quand on se cogne, pourquoi a-t-on des bleus?

— Où étiez-vous, oncle Cyrus?

— Excuse-moi. Je sais que je suis en retard, Tibérius, mais j'ai été retenu. J'étais parti à bicyclette avec mère Marie-Madeleine et elle a fait une chute.

— Rien de cassé?

— Rien, rassure-toi. Elle s'en tirera avec quelques écorchures et de nombreuses ecchymoses. Mais j'ai dû la raccompagner à l'abbaye.

— Vous savez, oncle Cyrus, même si je me moque souvent de mère Marie-Madeleine...

— ... en l'appelant MM&M, ajoute Cyrus avec un sourire.

— Même si je me moque un peu d'elle, je l'aime bien.

— Moi aussi. C'est une amie précieuse.

— Vous ne trouvez pas qu'elle ressemble à tante Albina? demande Tibérius.

— Hum..., fait Cyrus. C'est gentil, cette réflexion?

— Tout à fait, mon oncle. Elles sont toutes les deux généreuses, curieuses et... et elles ont le même mauvais caractère!

— Tu as raison, approuve Cyrus. Sauf que tante Albina est rancunière. Mère Marie-Madeleine ne l'est pas du tout. Elle a, de plus, un grand sens de l'humour.

— C'est vrai, dit Tibérius.

— Je suis bien heureux qu'elle ne se soit rien fracturé, tu sais. À son âge, ce serait plus long à soigner qu'au tien. Je préfère qu'elle soit couverte d'ecchymoses.

— Si je vous comprends bien, MM&M sera couverte de bleus!

— Elle l'est déjà. La pauvre nonne bleuit de manière époustouflante. Je crois que j'ai mérité un petit cordial!

Talonné par son neveu, il se dirige tout droit vers son antique cave à liqueurs. Il en soulève délicatement le couvercle de bois noir laqué et se verse à boire avant de choir sur le divan.

Tibérius s'installe en face de lui.

— Pourquoi la peau bleuit-elle lorsqu'on se frappe?

— Comme tu viens de le souligner, commence Cyrus, les bleus, ecchymoses ou hématomes, apparaissent habituelle-ment à la suite d'un coup ou d'une pres-sion trop forte exercée sur la peau.

— Pourquoi?

— Parce que le coup provoque l'écla-tement de certains vaisseaux sanguins.

— L'éclatement?

— Oui. En éclatant, les vaisseaux sanguins laissent échapper le sang qu'ils véhiculent. Le sang se répand alors sous la peau, où se forment des taches bleues, noires ou violettes.

— Qui deviennent vite jaunes...

— Si tu reçois un coup violent sur la tête, poursuit Cyrus, les vaisseaux sanguins qui irriguent ta tête vont éclater.

— Ne soyez pas trop précis, je vous en prie, oncle Cyrus. Je me sens mal.

— Ressaisis-toi, mon garçon. Quand les vaisseaux éclatent, le sang se répand aussitôt. S'il manque d'espace, il provoque un gonflement. C'est la bosse que tu vois apparaître sur ton crâne et qu'on nomme hématome.

— Je sais, dit Tibérius, dont le visage verdit à vue d'œil. J'ai déjà reçu une balle de baseball sur la tête.

— Le mieux, c'est de placer tout de suite un sac de glace ou une serviette humide et froide à l'endroit où le coup a été reçu, sans frotter.

— C'est pourquoi vous avez rapidement ramené MM&M à l'abbaye?

— J'ai fait de mon mieux.

— Quand les ecchymoses disparaissent-elles? s'informe Tibérius d'une voix blanche.

— Lorsque le sang se résorbe. Cela se fait par la circulation sanguine et prend de deux à trois jours pour les petites ecchymoses. Je crois qu'il faudra de deux à trois semaines pour celles de MM&M, car elles sont importantes.

Profondément enfoncé dans son fauteuil, Tibérius reste silencieux. Ses lèvres sont pâles et sa respiration saccadée.

— Est-ce que ça va? s'inquiète Cyrus.

L'arnica est une plante à fleurs jaunes qui pousse en haute montagne. On en extrait une teinture utilisée contre les ecchymoses, les contusions et les foulures.

Pourquoi les canards font-ils leur migration en V ?

Cyrus a décidé de laisser dormir Tibérius. Le pauvre a passé une nuit affreuse, voguant de cauchemar en cauchemar, ce qui lui arrive fréquemment ces temps-ci. Lorsque le facteur remonte l'allée de la maison, Cyrus sort rapidement.

— Monsieur Branchu! Je devine, à voir votre tête, que votre fille vous a posé une question embarrassante...

— Vous avez bien raison, mon cher Cyrus. Figurez-vous qu'elle m'affirme que les canards ne volent pas très souvent selon une formation en V...

— Et vous, qu'en pensez-vous?

— En fait, c'est moi qui lui ai posé la question. J'avais remarqué, hier, un vol de canards. Je lui ai donc demandé, pour l'agacer un peu et tester ses connaissances, pourquoi les canards accomplissaient leurs vols migratoires de cette façon...

— Et que vous a-t-elle répondu?

— Que j'avais dû voir des oies!

— Elle a malheureusement raison!

— Cyrus! Ne me dites pas ça!

— C'est pourtant vrai, mon cher Branchu. Très peu de canards volent en V. Ils volent généralement à la file ou en groupes plutôt éparpillés. À part, bien sûr, les morillons, ces petits canards sauvages au plumage noir et au dos blanc qui, eux, volent parfois selon un V un peu relâché.

— C'étaient donc des oies... Elle aura toujours raison, ma petite chérie!

— Les bernaches et les outardes, ainsi que les oies blanches, volent en formant un V. Cela leur permet de voler sans trop se fatiguer, puisque...

— ... puisque chaque oiseau travaille à son tour. Ça, je le savais, mon cher Cyrus.

— C'est le principe de l'aérodynamique. Les premiers oiseaux ouvrent le vol. Ceux qui suivent profitent des tourbillons d'air provoqués par les battements d'ailes des premiers. Ces tourbillons d'air sont ascendants. Les oiseaux sont pour ainsi dire portés par le mouvement de l'air que produisent les meneurs.

— Et ils se remplacent, n'est-ce pas merveilleux! dit monsieur Branchu.

— Ainsi, tout le monde a son tour de repos. Tels des quarts de veille sur un bateau! dit Cyrus.

— Comme si je vous priais de distribuer le courrier à ma place pour les trois prochains jours?

— Vous avez besoin d'un coup de main? demande Cyrus.

— Mais non! s'écrie le facteur. Je disais ça à titre de comparaison.

— Vous remarquerez, mon cher facteur, que les oiseaux qui optent pour la formation en V volent, en général, à de très hautes altitudes.

— Pourquoi donc?

— S'ils volent aussi haut, c'est qu'ils ont un long parcours à effectuer. Ils ne monteraient pas si haut pour couvrir de courtes distances. Si, donc, ils volent très haut, c'est qu'ils ont prévu aller très loin.

— Et pour ne pas se fatiguer, ils choisissent la méthode confortable.

— Si on peut parler de confort quand il s'agit de travailler très fort des ailes à des centaines de mètres d'altitude.

— Je vous laisse, cher Cyrus. Le travail m'attend. Pas beaucoup de courrier pour vous, aujourd'hui...

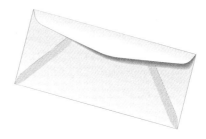

Les outardes, ou bernaches du Canada, sont les plus gros représentants de la famille des oies. Elles passent l'été dans les régions arctiques, de l'Alaska au Labrador, et descendent passer l'hiver dans le sud des États-Unis.

Comment peut-on expliquer les rêves prémonitoires?

— Tu es tout pâle, s'inquiète le savant. Tu n'es pas malade?

— J'ai rêvé à mon père, dit Tibérius. Il se rendait à son travail. Des hommes masqués et armés de pistolets mitrailleurs ont surgi et l'ont forcé à les suivre. Ils l'ont conduit à une fourgonnette grise, garée tout près, et l'ont violemment poussé à l'intérieur.

— Et ensuite? demande Cyrus.

— Je me suis réveillé. J'ai peur, oncle Cyrus. S'il était arrivé quelque chose? Vous croyez que j'ai fait un rêve prémonitoire?

— Seul l'avenir nous le dira, soupire le savant, troublé.

— Vous croyez que c'est possible?

— Prescience, prémonition, intuition, pressentiment... Ce sont des phénomènes troublants!

— Peut-on les expliquer?

— Certains proposent des explications liées à la notion de temps. Nous avons une vision séquentielle du temps : passé-présent-futur. Il se pourrait cependant qu'en réalité le passé, le présent et le futur coexistent en même temps.

— Et alors? demande Tibérius.

— Alors? Certaines personnes, plus sensibles ou plus douées que d'autres, auraient la possibilité de voir les événements futurs.

— Vous y croyez?

— Le psychanalyste Jung y croyait, lui. Il parlait d'archétypes psychologiques inscrits dans l'être humain. Ces archétypes permettraient la pré-connaissance de certains événements futurs. Dans ce domaine, il est très difficile de présenter des preuves matérielles irréfutables.

— Mon rêve était si réel! Comme si je regardais la télévision!

Le visage du savant devient grave.

— À quoi songez-vous? lui demande Tibérius.

— Oh, je songeais à Mark Twain...

— L'écrivain américain? Le «père» de Huckleberry Finn et de Tom Sawyer?

— Oui.

— Mais pourquoi?

Cyrus hésite à répondre.

— Aux alentours de 1850, Mark Twain travaillait avec son frère Henry sur les bateaux du Mississippi. Ils faisaient la navette entre Saint-Louis et La Nouvelle-Orléans. Une nuit, alors qu'ils se trouvaient chez leur sœur à La Nouvelle-Orléans, Mark Twain rêva à son frère. Il vit Henry mort et exposé dans un cercueil de métal installé sur deux chaises, dans le salon de leur sœur. Sur la poitrine du défunt était posé un bouquet avec, en son centre, une seule fleur rouge.

— Et...

— Quelques semaines plus tard, les deux frères retournèrent à Saint-Louis, mais sur des bateaux différents. La chaudière du *Pennsylvania*, à bord duquel travaillait Henry, explosa, tuant de nombreuses personnes. Lorsque Mark Twain vint rendre un dernier hommage à son frère, il le trouva dans un cercueil de métal, et non de bois comme c'était l'usage.

— Avait-il un bouquet sur la poitrine? demande Tibérius.

— Non. Mais pendant que Mark se tenait devant le cercueil, une femme entra. Elle tenait à la main un bouquet de fleurs blanches qu'elle déposa sur la poitrine du mort. En son centre, il y avait une rose rouge. Une seule...

En 1898, Morgan Robertson publia un roman intitulé Titan. Ce livre-catastrophe racontait l'histoire d'un navire réputé insubmersible qui, à son premier voyage, heurtait un iceberg et coulait. Le 16 avril 1912, le New York Times annonçait à la une le naufrage du Titanic.

Pourquoi les abeilles font-elles du miel ?

— Mère Marie-Madeleine, dit Tibérius en traversant le jardin du monastère, on dirait une ruche. Vos nonnes travaillent sans relâche.

— Sans se presser, mais sans avoir non plus le temps de se tourner les pouces.

— Vous faites même du miel! s'exclame le garçon devant les ruches qui ferment le fond du jardin.

— Tu avais bien raison, n'est-ce pas, de dire que nous avons des allures d'abeilles!

— Me diriez-vous, ma mère, pourquoi, exactement, les abeilles produisent du miel?

— La réponse est relativement simple, déclare calmement l'abbesse. Est-ce que, pour une fois, je pourrais répondre à une de tes questions sans que ton oncle ait à intervenir?

Tibérius éclate de rire.

— L'autre soir, dit-il, quand je vous ai posé une question à propos des palourdes du potage, il a répondu à votre place!

— Je ne lui en veux pas. Il est comme ça! Il aime expliquer l'univers. Venons-en à nos abeilles. Tu sais que l'intérieur d'une ruche est constitué d'une multitude d'alvéoles...

— ... dans lesquelles sont élevés les œufs qui deviennent des larves, puis...

— ... puis... comment s'appellent-elles déjà? se demande mère Marie-Madeleine en se grattant le front. Les nymphes! Œufs, larves, nymphes puis abeilles adultes. Dans les alvéoles de cire, les abeilles ne placent pas que les œufs de la reine-abeille. Elles y déposent leurs réserves de miel. Elles y entreposent aussi le pollen.

— Mais avant? Comment le font-elles, le miel?

— Elles puisent le nectar des fleurs et le gardent dans leur jabot. La qualité du miel dépend de celle du nectar recueilli et des quantités de fructose et de glucose qu'il contient. Enrichi de protéines, ce nectar se transforme en miel, que les butineuses vont régurgiter dans les alvéoles vides. Elles se mettent alors à battre très fortement des ailes pour faire évaporer l'eau du miel.

— C'est un énorme travail! remarque Tibérius.

— Les ouvrières doivent maintenir une température constante à l'intérieur de la ruche, autour de 34 à 35 degrés Celsius.

S'il fait plus chaud, elles s'occupent de ventiler l'intérieur de la ruche. Lorsque le miel entreposé dans les alvéoles a perdu vingt pour cent de l'eau qu'il contient, il a atteint la bonne consistance et il ne risque plus de fermenter.

— Merveilleux! s'écrie Tibérius.

— Quand le miel est parfait, les abeilles bouchent les alvéoles avec de la cire.

— J'en reviens à ma question du début : pourquoi ont-elles produit tout ce miel? Pour nourrir les bébés?

— Que fais-tu, toi, du miel qu'il y a chez toi? demande mère Marie-Madeleine.

— Je le mange! répond le garçon.

— Eh bien, les abeilles font la même chose que toi : elles le mangent. Le miel leur sert de nourriture de réserve pour l'hiver, quand il n'y a plus de fleurs ni rien à butiner.

— C'est aussi simple que ça? s'étonne Tibérius.

— Je t'avais bien dit que je n'avais pas besoin de Cyrus pour répondre à ta question!

— En effet, c'était simple. Et quand on pense à la quantité d'abeilles qui peuvent vivre dans une ruche, on comprend pourquoi il leur faut d'aussi importantes réserves de nourriture !

— Savais-tu d'ailleurs que, dans une seule ruche, on peut compter jusqu'à cinquante mille abeilles, des centaines de faux-bourdons, mais une seule reine ?

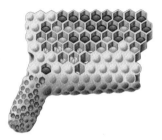

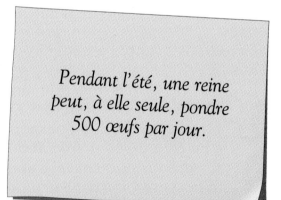

Pendant l'été, une reine peut, à elle seule, pondre 500 œufs par jour.

Qu'est-ce au juste que la Voie lactée?

— Ça va? demande Cyrus à son neveu, qui observe le ciel étoilé.

— Oui et non. Je suis inquiet depuis mon rêve de l'autre nuit.

— Je comprends. Le ciel est clair, ce soir, ajoute Cyrus.

— J'observais la Voie lactée. Oncle Cyrus, qu'est-ce que c'est, au juste?

— La Voie lactée, cette grande traînée lumineuse que nous voyons dans le ciel, est un amas d'étoiles et de gaz diffus. Disons que c'est la partie la plus visible du gigantesque ensemble que constitue notre galaxie.

— Je ne vous suis pas, tonton.

— Nous habitons la Terre, planète du système solaire. Le Soleil, notre étoile, fait partie d'un système encore plus grand, constitué de centaines de milliards d'autres étoiles. Ensemble, elles forment notre galaxie.

— Une galaxie parmi tant d'autres, souligne Tibérius.

— En effet. L'Univers contient des milliards d'autres galaxies. La nôtre a la forme d'une spirale. Si on pouvait s'en éloigner suffisamment, on verrait un disque qui s'amincit à la périphérie et qui possède un gros renflement central, le bulbe. Ce disque est entouré d'un halo.

— De quoi est fait le disque?

— Le disque est constitué d'étoiles comme notre Soleil. Des étoiles de grosseurs, de masses et d'âges différents. Entre ces étoiles, on trouve de la matière interstellaire, inégalement concentrée, qui forme quatre grands bras spiraux. C'est un de ces bras que nous voyons de la Terre et que nous nommons Voie lactée. Le disque contient de nombreux nuages interstellaires, qui donnent naissance aux nouvelles générations d'étoiles.

— Notre système solaire, où est-il dans tout ça?

— Notre Soleil est situé à la périphérie du disque.

— Loin du centre de notre galaxie...

— Oui, répond le savant, à trente mille années-lumière.

— Vous avez parlé d'un halo...

— Il rassemble les plus vieilles étoiles de notre galaxie. Elles auraient de dix à quinze milliards d'années. Grâce à elles, nous pouvons déterminer l'âge de la galaxie.

— Et le centre, oncle Cyrus?

— Le bulbe contient une centaine de milliards d'étoiles. Leur âge serait comparable à celui du halo. Le bulbe et le disque forment des mondes très différents. Les étoiles du disque évoluent selon des mouvements très ordonnés. Elles décrivent des orbites presque circulaires autour du centre galactique, alors que celles du bulbe semblent se comporter de manière plus anarchique.

— Plus je vous écoute et plus je me sens petit, soupire Tibérius. Une miette!

— Une miette peut-être, mais douée de sentiments et d'intelligence!

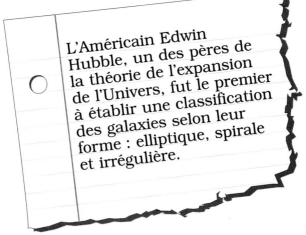

L'Américain Edwin Hubble, un des pères de la théorie de l'expansion de l'Univers, fut le premier à établir une classification des galaxies selon leur forme : elliptique, spirale et irrégulière.

Est-ce qu'on peut avoir
le cœur du côté droit?

Un peu essoufflé par sa longue ascension, Cyrus s'assied sur une pierre. Cette fois-ci, Gratte-Bedaine n'a pas tenu à l'accompagner. «Sans doute, se dit Cyrus, parce que Sashimi, notre chat errant, rôde dans les parages. Gratton a voulu rester près d'Alice.» Il entend tout à coup des rires et des sifflements.

Cyrus voit arriver une dizaine d'enfants joyeux, parmi lesquels il reconnaît Camille, Joëlle et Christophe. C'est Camille qui l'aperçoit la première.

— Cyrus! Cyrus! s'écrie-t-elle en s'élançant vers lui. Vous allez mettre un terme à notre discussion!

— Laquelle? demande-t-il en saluant l'institutrice qui accompagne la petite bande.

— Théo essaie de nous faire croire qu'on peut avoir le cœur à droite!

— Pour lui prouver que non, nous nous essoufflons depuis tout à l'heure pour sentir notre cœur battre très fort. Nous avons tous le cœur à gauche. Et notre institutrice aussi. N'est-ce pas, mademoiselle Nam?

Mademoiselle Nam approuve aussitôt.

— Reprenez votre souffle et installez-vous confortablement sur les pierres plates. Sachez d'abord que le cœur n'est pas exactement à gauche. Il est en fait situé au centre du corps, mais légèrement incliné. Sa partie inférieure pointe vers la gauche.

— Mais on le sent bien à gauche, non? demande Camille.

— Parce qu'il est un peu plus à gauche qu'au centre! Cyrus l'a dit! réplique Joëlle.

— Chez certains individus, poursuit le savant, il arrive que la pointe inférieure du cœur soit dirigée vers la droite plutôt que vers la gauche. On parle alors de dextrocardie.

— C'est en latin? souffle Christophe à l'oreille de Camille.

— Mais est-ce que le cœur peut être vraiment placé à droite? insiste Camille, curieuse, sans s'occuper des commentaires du garçon.

— Dans de très rares cas, tous les organes d'un individu peuvent être inversés : le cœur à droite, le foie à gauche, les intestins parfaitement inversés.

— Et ça fonctionne quand même? demande Joëlle.

— Cela fonctionne même très bien! dit

Cyrus en riant. On appelle ce phénomène *situs inversus*...

— Ça, c'est du vrai latin! dit Christophe en riant dans le dos de Camille.

— Ce qui fonctionne moins bien, ce sont les cas de dextrocardie. Le cœur qui pointe en bas vers la droite peut présenter des malformations et souffrir de quelques problèmes.

— Donc je n'avais pas tort, dit enfin Théo, qui a suivi la discussion sans dire un mot.

— Tu veux toujours avoir raison! lance Camille.

— Je vous ferai remarquer, dit encore Théo, que mon idée était juste et qu'elle vous a fait réfléchir. Heureusement que Cyrus était là pour confirmer ce que j'essayais de vous expliquer.

— N'oubliez cependant pas que ces cas sont très rares, précise Cyrus.

— Vous montez encore un peu avec

nous, monsieur Cyrus? demande mademoiselle Nam.

— Je voudrais bien, mais Tibérius
m'attend. C'est lui qui prépare le festin de
ce soir. Il invente des recettes fabuleuses,
ce cher enfant!

Dans l'Antiquité, on ne
savait rien de la circulation
du sang dans le corps.
Même Aristote, célèbre
philosophe grec, croyait que
c'était de l'air qui circulait
dans nos artères.

Comment les Égyptiens construisaient-ils les pyramides et comment s'éclairaient-ils à l'intérieur?

Cyrus tourne et retourne entre ses mains la grande enveloppe adressée à son neveu Tibérius par le père de celui-ci. Tibérius est absent et l'érudit devra attendre son retour pour connaître le contenu de la missive. Pour s'occuper, Cyrus décide de répondre au petit Eucharion, qui demande comment on a construit les pyramides d'Égypte et, surtout, comment les gens faisaient pour s'éclairer à l'intérieur.

Cher Eucharion,

Les grandes pyramides d'Égypte ont été construites entre 2 700 et 2 000 ans avant Jésus-Christ. À cette époque, les bâtisseurs égyptiens ne possédaient ni grues ni poulies. Ils édifiaient leurs monuments au moyen de rampes. Ces rampes, constituées de sable et de moellons, servaient à monter les gigantesques blocs de pierre.

On ne sait pas s'ils utilisaient une seule rampe ou plusieurs, autour de l'édifice à construire. Pourquoi des rampes de sable et de pierres? L'Égypte, au temps des pharaons, était constituée de deux bandes de terres fertiles, la Haute-Égypte et la Basse-Égypte. Un grand désert s'étendait à l'est et à l'ouest de ces terres.

À cause des conditions climatiques, il ne poussait pas beaucoup d'arbres dans les royaumes d'Égypte. Par contre, le sable et la pierre y étaient abondants.

Cyrus s'arrête, prend une gorgée de café froid et poursuit ainsi :

Il y avait beaucoup de carrières. On en extrayait de grands blocs, qu'on acheminait par bateau jusqu'au port le plus proche du site de la pyramide. On chargeait ensuite ces blocs sur des traîneaux, que des bœufs ou des hommes tiraient à travers le désert. Tu ne dois pas oublier qu'à cette époque la main-d'œuvre était abondante. Tout le monde était contraint de travailler pour le pharaon, et il y avait aussi des milliers d'esclaves.

On dit que cent mille de ces esclaves auraient travaillé pendant trente ans à l'édification de la grande pyramide de Chéops.

Une fois les blocs de granit arrivés sur le site de construction, on les hissait en haut de la rampe dont je t'ai parlé. On mettait des rouleaux sous les blocs pour les déplacer plus facilement. On construisait une rangée à la fois. Lorsque la pyramide était achevée, on retirait la rampe.

Cyrus se relit, corrige deux petites fautes et conclut :

Comme tu l'as deviné, il y faisait noir comme dans un four. Les Égyptiens d'alors s'éclairaient avec des lampes à l'huile et des torches. Une certaine clarté pouvait également provenir des tubes d'aération.

Satisfait, le savant signe. Inquiet, il regarde sa montre. Tibérius n'est toujours pas rentré.

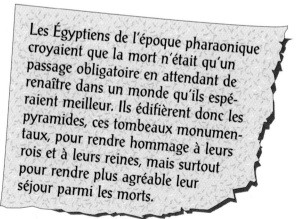

Les Égyptiens de l'époque pharaonique croyaient que la mort n'était qu'un passage obligatoire en attendant de renaître dans un monde qu'ils espéraient meilleur. Ils édifièrent donc les pyramides, ces tombeaux monumentaux, pour rendre hommage à leurs rois et à leurs reines, mais surtout pour rendre plus agréable leur séjour parmi les morts.

Pourquoi les cochons d'Inde s'appellent-ils des cochons d'Inde?

— Les dindes, les blés d'Inde et les cochons d'Inde! s'exclame Pétronille. Ça rime à quoi? Pourquoi mon cochon d'Inde s'appelle-t-il un cochon d'Inde, Cyrus? Il n'a pas du tout l'air d'un cochon, pauvre petit Marcel.

— Ton cochon d'Inde s'appelle Marcel?

— Oui, en l'honneur de mon grand-père, qui me l'a offert le jour de mon anniversaire!

— Tu voudrais bien m'aider à plier les draps? demande Cyrus.

— Oui, mais à condition que vous répondiez à ma question.

Cyrus tend à la petite fille un grand drap marine à fines rayures vertes.

— Tout ça, c'est de la faute de Christophe Colomb! dit-il.

— De Christophe Colomb! fait-elle, étonnée, en laissant échapper le drap.

— De Christophe Colomb et de bien d'autres explorateurs.

— Quel est le rapport entre Christophe Colomb et mon Marcel?

— Quand Christophe Colomb est

arrivé en Amérique, il supposait qu'il se trouvait aux Indes. Personne ne savait, à cette époque, que l'Amérique existait. On partait en croyant qu'on arriverait par voie de mer à l'autre bout du continent eurasiatique.

— Et c'est comme ça qu'il s'est retrouvé chez nous! dit Pétronille en lissant le drap plié.

— Hop! l'autre drap! Christophe Colomb a cru très sincèrement qu'il était parvenu aux Indes...

— Et il se trompait totalement!

— C'est ainsi qu'il a donné des noms fautifs à certaines plantes et à certains animaux. Le maïs, par exemple, ne poussait pas en Europe. Quand il a découvert cette plante, il l'a nommée blé d'Inde, parce que le maïs ressemblait un peu au blé.

— Même chose pour les dindes?

— Et pour les petits cobayes. Car le vrai nom du cochon d'Inde est le cobaye. Tu le savais?

— Oui, dit Pétronille.

— Le cobaye vivait à l'état sauvage en Amérique du Sud. Les explorateurs le baptisèrent cochon d'Inde parce qu'il ressemblait à un petit cochon...

— Ce n'est pas vrai! Il a des dents de lapin! Il ressemble bien plus à un lièvre ou à un lapin qu'à un cochon! Et ses dents s'usent à mesure qu'il ronge, comme celles des lapins, des écureuils et des castors.

— Tu es bien savante, ma Pétronille! dit Cyrus en riant. Tu sais, les explorateurs n'étaient pas tous de grands savants, eux. Ils se trompaient souvent quand ils découvraient des choses qui n'avaient aucun rapport avec ce qu'ils connaissaient!

— C'est vrai qu'ils devaient se sentir parfois bien perdus! Moi, je ne saurais pas donner de noms à des choses inconnues...

— Les gens ont parfois eu du mal à nommer certains lieux. Plutôt que de leur inventer un nom, on les a appelés «Nouveau» Quelque chose : Nouvelle-Angleterre, Nouvelle-Calédonie, Nouvelle-France, Nouveau-Mexique.

— Les gens manquent souvent d'originalité! s'exclame Pétronille du haut de ses neuf ans. On plie les taies d'oreiller aussi?

C'est au cours du voyage effectué en 1521 que le conquistador espagnol Cortés a découvert au Mexique un gallinacé domestiqué par les indigènes d'alors. Il l'appela la poule d'Inde, nom qui devint simplement «dinde» au cours des siècles.

Qu'est-ce que les radiations?

— Cette lettre a été envoyée du Caire il y a plusieurs semaines, dit Tibérius à son oncle. Mon père m'annonce son départ pour l'Algérie le lendemain. Tenez, lisez vous-même.

Le ton de la lettre ne rassure en rien Cyrus. Le père de Tibérius s'inquiète sérieusement de la situation politique en Algérie.

— J'ai reçu un appel de Zéphirin, ce matin, dit le savant, qui cherche à changer de sujet.

— Et que veut-il savoir?

— Ce que sont les radiations.

— Oh! fait Tibérius. Je serais bien embêté de répondre. Et vous, oncle Cyrus, qu'avez-vous répondu?

— Les radiations sont partout. C'est une énergie qui voyage sous forme d'ondes. Ondes sonores, ondes électromagnétiques, comme les ondes hertziennes, les rayons ultraviolets du Soleil ou les rayons X, et ondes corpusculaires.

— Pourquoi dit-on que les radiations sont dangereuses?

— Parce que tous les rayonnements que nous connaissons produisent des changements de structure moléculaire dans la matière qu'ils traversent.

— Je croyais que seule la radioactivité était nocive.

— Tu sais pourtant qu'en ce moment on parle beaucoup de protection contre les rayons ultraviolets du Soleil.

— C'est vrai, admet le garçon.

— Le Soleil émet des radiations de courte longueur d'onde. Quand elles traversent l'atmosphère, elles subissent des modifications. Les nuages et le sol renvoient une partie de ces radiations vers l'extérieur. L'autre partie est absorbée par la couche d'ozone. Le Soleil fournit ainsi à notre planète 99,9 pour cent de l'énergie nécessaire à la vie.

— Et la couche d'ozone?

— Elle a la propriété d'absorber les rayons ultraviolets du Soleil. Elle devient ainsi une couche protectrice pour la vie sur Terre.

— Sauf que, maintenant, il y a un gros trou dedans.

— À cause de la pollution atmosphérique, la couche d'ozone s'amincit, c'est vrai. Elle retient moins les rayons ultraviolets, c'est pourquoi il faut veiller à se protéger.

— Si les radiations sont nocives pour

l e s
êtres vi-
vants, pour-
quoi les utilise-
t-on en médecine?

— Bien utilisées, les radiations peuvent nous aider. La radiographie, par
exemple, permet tout de suite de déterminer si l'os de ta jambe est brisé ou non.

— J'ai entendu dire qu'il fallait éviter
de passer trop souvent des radiographies,
se souvient Tibérius.

— C'est vrai. Les radiations sont également utilisées en médecine nucléaire
pour guérir les cancers.

— Comment cela se passe-t-il?

— La propriété commune à toutes les
radiations est de changer la structure
moléculaire des cellules. En bombardant

les cellules cancéreuses, on tente ainsi de les détruire. Bien sûr, il y a des effets secondaires, dont il faut tenir compte.

— Il vaut parfois mieux perdre ses cheveux que perdre la vie! lance Tibérius.

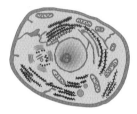

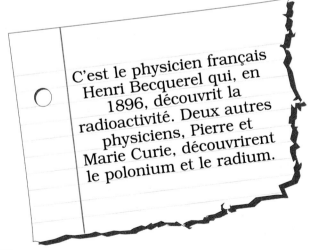

C'est le physicien français Henri Becquerel qui, en 1896, découvrit la radioactivité. Deux autres physiciens, Pierre et Marie Curie, découvrirent le polonium et le radium.

Comment se fait la coquille de l'œuf, dans la poule ?

— Arrête de me poser des questions embêtantes, moucheron! dit Tibérius, impatient.

Bérangère lève sur lui de grands yeux innocents.

— Pourquoi tu n'es pas gentil?

— Parce que je suis inquiet au sujet de mon père, grogne Tibérius. Viens avec moi, ajoute-t-il plus doucement en prenant la main de la petite. Tu poseras toutes tes questions à Cyrus.

— Il est là?

— Regarde!

Bérangère laisse la main de Tibérius et s'élance vers le jardin. Le grand savant dépose ses iris et siffle Gratton.

— Nous avons une visite, mon gros!

Gratte-Bedaine accourt, suivi de près par la petite Alice, qui s'obstine à ne pas grossir.

— Cyrus, est-ce que je peux vous poser une question?

— Bien sûr! Tibérius n'a pas su t'éclairer? dit-il en faisant un clin d'œil à son neveu.

— Je voudrais savoir comment les coquilles des œufs se forment à l'intérieur des poules, déclare la petite.

— Dans une poule, il y a un ovaire qui produit des ovules.

— Comme chez les dames!

— Chaque ovule grossit et s'engage dans un tube qu'on appelle l'oviducte. Plus il avance, plus il se transforme. Il a d'abord l'air d'un petit jaune d'œuf. Ensuite, il se couvre d'albumine...

— ... qui sera le blanc de l'œuf?

— Oui. Autour du blanc se constituent plus tard deux membranes coquillières composées de kératine.

— Pour le protéger?

— Exactement. À mesure que cet œuf en développement avance et grossit dans l'oviducte, la coquille se forme.

— Un œuf mou, ça ne serait pas très pratique!

— Les poules ont besoin de beaucoup de protéines et de calcium pour que les coquilles de leurs œufs durcissent.

— Les autres oiseaux aussi?

— Oui. Les oiseaux mangent des os, des gravillons, des coquilles d'escargots pour pouvoir fabriquer des coquilles bien résistantes. Ainsi, leurs petits peuvent grandir dans leur œuf en toute sécurité.

— Mais pourquoi des bébés enveloppés dans des œufs?

— Tout simplement parce que, s'ils gardaient les œufs à l'intérieur de leur corps, les oiseaux seraient incapables de voler. Ils pondent donc leurs œufs et les couvent ensuite pour permettre aux petits de terminer leur croissance.

— Tu entends ça, Tibérius? demande Bérangère.

— Je savais tout ça! grogne-t-il.

— Savais-tu, poursuit Cyrus, que dès qu'une femelle oiseau couve ses œufs, la sensation créée par la présence de ceux-ci sous son abdomen arrête automatiquement la production des ovules par l'ovaire?

— Hein? s'écrie Tibérius.

— Parfaitement exact, dit Cyrus. C'est pourquoi on enlève chaque jour les œufs sous les poules! Si elle n'a pas d'œuf à couver, la poule en met un autre en train! Certains oiseaux ne pondent que quelques œufs par année, mais les bonnes poules pondeuses bien nourries peuvent en pondre à l'infini!

— Quel curieux phénomène! dit Tibérius.

— Il vient d'apprendre quelque chose, souffle Bérangère à l'oreille de Cyrus.

Le record de ponte va à un canard domestique, femelle bien sûr, qui a pondu un œuf tous les jours de l'année, sauf deux. À Noël et à Pâques, peut-être?

Pourquoi a-t-on les cheveux blancs lorsqu'on vieillit ?

— Vous semblez soucieux, oncle Cyrus, remarque Tibérius.

— Je songeais à ton père. Je trouve curieux qu'il ne soit pas encore arrivé à son hôtel, rétorque le savant.

— Oncle Cyrus, dit Tibérius, autant pour rassurer son oncle que pour s'encourager lui-même, mon père fait souvent ce genre de voyage. Il se retrouve dans des endroits si éloignés, qu'il ne trouve ni téléphone ni boîte aux lettres...

— Et pour compliquer encore les choses, mon Tibérius, ta mère doit être, elle aussi, à des kilomètres d'une poste ! Quels parents tu as !

— Je sais. Mais je n'en changerais pas pour tout l'or du monde, dit Tibérius.

— Et, en attendant, tu as toujours ton vieil oncle grognon...

— Heureusement !

— Ne t'en fais pas trop, cher neveu, je sens que nous aurons bientôt des nouvelles de mister Pagton, ton papa. Si je n'étais pas chauve, je te dirais que je me fais des cheveux blancs !

— Ce dernier souci, au moins, vous est évité ! Pourquoi au juste les cheveux blanchissent-ils ?

— Nos cheveux blanchissent lorsqu'on vieillit ou bien lorsqu'on souffre de certaines maladies.

— À quoi est dû ce phénomène ?

— La couleur des cheveux dépend d'une substance que tu connais, la mélanine.

— La même substance qui, lorsqu'on va au soleil, colore la peau, la protégeant ainsi des rayons ultraviolets ?

— Oui. En fait, la couleur des cheveux d'un individu est déterminée par des cellules appelées mélanocytes. Ces cellules produisent deux pigments : l'eumélanine et la phéomélanine.

— Ils servent à colorer les cheveux ? demande Tibérius.

— L'eumélanine est responsable des teintes qui vont du noir jais au châtain clair ; la phéomélanine colore les cheveux en blond doré ou en roux. Le mélange de ces deux pigments, déterminé par l'hérédité, donne une infinité de nuances et de couleurs.

— On pourrait presque affirmer qu'il n'y a pas deux êtres humains qui possèdent une texture et une couleur de cheveux identiques?

— Tu as raison. Et lorsqu'un individu vieillit, les mélanocytes deviennent moins actifs.

— Vers quel âge? s'informe le garçon.

— Chez les populations blanches, de type caucasien, cela se produit généralement vers la trentaine, répond l'érudit.

— Et chez les Noirs?

— La canitie, c'est-à-dire le blanchissement des cheveux, se produit plus tard, vers la quarantaine. Devenus moins actifs, les mélanocytes s'appauvrissent en pigments. Les nouveaux cheveux sont gris. Ils deviennent vraiment blancs quand les mélanocytes ont complètement cessé de fonctionner.

— Ce qui survient beaucoup plus tard, observe Tibérius, quand on est vraiment vieux.

— La canitie peut aussi survenir, je te l'ai dit, à la suite d'une maladie grave ou d'un traitement de chimiothérapie. Ou bien à cause d'une grande fatigue, d'un épuisement grave ou de soucis continus.

— Tout à l'heure, oncle Cyrus, vous avez dit : «... je me fais des cheveux blancs». Est-ce possible de blanchir soudainement, à la suite d'un choc important?

— On parle de gens dont les cheveux

auraient blanchi en une nuit! Il est certain qu'un fort traumatisme psychologique peut occasionner une rapide chute de cheveux. Ceux qui tombent, ce sont les cheveux plus anciens, donc foncés. Les cheveux blancs restent là. Si la personne a beaucoup de cheveux, on aura l'impression qu'elle blanchit très vite!

— Et votre barbe, cher oncle, elle est toute blanche?

En 1909, le chimiste français Eugène Schuller mettait au point les premières teintures pour colorer les cheveux. Il fonda la Société française des teintures inoffensives pour les cheveux, qui devint, en 1910, la société L'Oréal.

Pourquoi les tournesols se tournent-ils toujours vers le Soleil ?

— Vous le lavez souvent, Gratton? s'informe Bastienne en observant le saint-bernard immobile sous le jet d'eau.

— Non! Seulement quand il plonge dans une mare de boue comme il l'a fait ce matin! dit Cyrus en rinçant le poil de l'énorme bête.

— Vous pourriez répondre à une question qui me tracasse beaucoup? demande Bastienne.

— Si cela ne m'empêche pas de bichonner mon quadrupède poilu!

— Je regarde vos tournesols et ils ne bougent pas. Pourtant...

— Je te vois venir! Pourtant, on dit qu'ils se tournent vers le Soleil...

— C'est faux?

— Pas du tout. Mais le phénomène cesse lorsque le tournesol fleurit.

— Pourquoi donc?

— Parce qu'il met toute son énergie dans le processus de floraison. Mais commençons par le commencement.

— Allons-y!

— Une plante ne doit pas pousser trop vite, car elle s'affaiblirait trop pour supporter son propre poids. Dans la tige se trouve une substance appelée auxine, qui permet la croissance de la plante. Or, le Soleil détruit l'auxine!

— C'est terriblement injuste! s'écrie Bastienne. Le Soleil veut empêcher la plante de pousser!

— Pas du tout! Il l'empêche de pousser trop vite! Voici ce qui se passe : le côté de la tige exposé au Soleil pousse moins rapidement que celui qui est dans l'ombre.

— Donc ça tire d'un côté?

— Et ça pousse de l'autre!

— Comme nous ne sommes jamais au même endroit par rapport au Soleil, le tournesol doit suivre!

— C'est rapidement dit, mais c'est ça. Le tournesol pousse sa tête vers le Soleil. La partie qui est dans l'ombre n'est jamais la même. La tête du tournesol suit donc le Soleil.

Cyrus laisse Gratte-Bedaine s'ébrouer un peu.

— Et si le tournesol poussait toujours à l'ombre?

— À la cave, par exemple?

— Par exemple...

— Le tournesol pousserait trop vite, il s'étiolerait. L'auxine n'étant pas détruite par le Soleil, la plante grandirait sans avoir le temps de prendre des forces. Sa tige serait donc très faible et elle casserait, tout simplement.

— Oh!

— Elle n'aurait pas l'énergie nécessaire pour arriver à la pleine floraison, dit Cyrus.

— Vous m'avez dit tout à l'heure que le tournesol cesse de suivre le Soleil lorsqu'il fleurit?

— Lorsque la fleur s'ouvre, la plante n'a plus à s'occuper de grandir. Elle laisse sa croissance de côté pour se consacrer à sa floraison. C'est essentiel pour elle, car c'est grâce aux graines que porte la fleur qu'elle pourra se reproduire.

— C'est bien fait! constate Bastienne. Vraiment très bien fait.

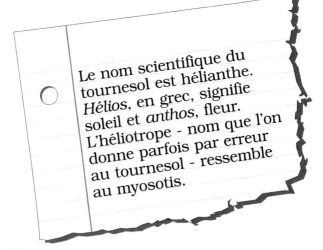

Le nom scientifique du tournesol est hélianthe. *Hélios*, en grec, signifie soleil et *anthos*, fleur. L'héliotrope - nom que l'on donne parfois par erreur au tournesol - ressemble au myosotis.

Pourquoi, lorsqu'il est attaqué, un porc-épic lance-t-il ses piquants ?

«Algérie. Un groupe de terroristes armés a enlevé cet après-midi, en plein cœur d'Alger, trois hommes d'affaires dont on ignore encore l'identité et la nationalité...»

Envahi par un mauvais pressentiment, Cyrus éteint la radio. On sonne alors à la porte. C'est Prosper Branchu, le facteur. Heureux de la diversion, Cyrus le prie d'entrer un moment.

— J'aurais une question, dit Branchu. Ma nièce Athalie m'a demandé si les porcs-épics lançaient leurs piquants lorsqu'ils étaient attaqués.

— Que lui avez-vous répondu?

— Que j'allais vous le demander à la première occasion.

— La croyance selon laquelle les porcs-épics lancent leurs piquants est fort répandue.

— Mais elle est fausse?

— Oui. Ils ne les lancent pas. Les piquants protègent l'animal des prédateurs.

— Comment?

— Lorsqu'il est menacé, il hérisse ses

piquants afin de se protéger. Pour se défendre, il peut également cingler son adversaire avec sa queue et lui enfoncer ses dards dans le museau.

— Il arrive souvent que les chiens soient un peu trop insistants, n'est-ce pas? Ils reviennent alors en hurlant, le museau criblé de piquants.

— C'est très douloureux parce que les piquants se terminent par des barbes pointues et recourbées. Une fois dans la peau, ils continuent de s'y enfoncer.

— Et je sais qu'ils sont très difficiles à enlever! Quelle longueur peuvent atteindre ces piquants?

— De deux à douze centimètres chez le porc-épic d'Amérique du Nord. De trente à quarante chez le porc-épic d'Europe. Ils sont blanc-jaune à la base et bruns ou noirs aux extrémités. C'est pourquoi on a l'impression que les porcs-épics sont foncés.

— Eh bien!

— Sous ces piquants redoutables, le porc-épic est recouvert d'un duvet de poils fins et très doux, poursuit Cyrus.

— Je n'irai pas vérifier! rétorque le postier. Je vous crois sur parole, Cyrus!

— Vous savez, explique le savant, si vous retournez un porc-épic sur le dos, il est très vulnérable. Son ventre est dépourvu de piquants.

— Encore faut-il parvenir à le retourner!

— Certains animaux, comme la martre de Pennant, ont découvert le talon d'Achille du porc-épic.

— Ventre d'Achille conviendrait mieux! lance Branchu.

— Quant aux petits, poursuit Cyrus, ils naissent avec des piquants mous.

— On voit rarement les porcs-épics en plein jour, remarque le facteur en se levant.

— Ce sont des animaux nocturnes. Ils se nourrissent dans les arbres, d'écorce et de brindilles. Le jour, ils trouvent refuge dans le creux d'un arbre ou dans une anfractuosité rocheuse.

— Athalie va être ravie !

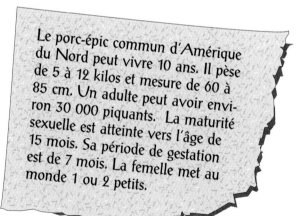

Le porc-épic commun d'Amérique du Nord peut vivre 10 ans. Il pèse de 5 à 12 kilos et mesure de 60 à 85 cm. Un adulte peut avoir environ 30 000 piquants. La maturité sexuelle est atteinte vers l'âge de 15 mois. Sa période de gestation est de 7 mois. La femelle met au monde 1 ou 2 petits.

Pourquoi y a-t-il de la turbulence en avion?

— Éléni! s'écrie Cyrus. C'est trop!

— Mais non, ce n'est pas trop, dit la grande fille aux yeux noirs avec son curieux accent. C'est une toute petite chose. Je ne pouvais pas rentrer de Grèce sans vous apporter un cadeau.

Cyrus tient entre ses mains une statuette cycladique, minuscule sculpture aux formes fortes.

— C'est une copie, précise Éléni.

— Je l'espère bien! dit Cyrus. Je ne te vois pas dévaliser un musée d'Athènes pour me rapporter un petit quelque chose... Alors, le voyage?

— Extraordinaire! Je suis toujours heureuse de retourner en Grèce! Si je pouvais y déménager pour de vrai!

— Ça viendra un jour... Raconte-moi.

— D'abord, on a eu un terrible vol. J'ai beau avoir l'habitude de voyager toute seule depuis que je suis petite, j'ai horreur de la turbulence.

— Moi aussi. Mais il n'y a pas de grands dangers, tu sais. L'avion est encore le moyen de transport qui offre la plus grande sécurité.

— Juste après le décollage, on a annoncé qu'il y aurait une turbulence assez forte. Comment cela se produit-il?

— Tu as remarqué comment est faite une aile d'avion, Éléni?

— Pas vraiment, non...

— L'aile est bombée sur le dessus et plate dessous. Elle coupe ainsi l'air de façon spéciale : l'air passe plus vite dessous que dessus.

— Qu'est-ce que cela provoque exactement? demande Éléni.

— Cela fait que l'aile est portée par l'air. Ce sont les ailes, ainsi profilées, qui font que l'avion s'appuie sur l'air. Mais dans l'air, c'est comme sur une route.

— Vraiment?

— Dans une voiture qui roule sur une route, tu sens les effets du vent, n'est-ce pas?

— Tout à fait. On dirait même que le vent pousse la voiture à gauche ou à droite.

— C'est la même chose dans un avion. L'avion est

porté par l'air, mais ce n'est pas plus régulier là-haut que sur le sol. Les masses d'air peuvent passer plus ou moins vite au-dessus et au-dessous de l'aile. Les variations de température peuvent entraîner des modifications de la texture de l'air. Les nuages et les vents ont également leur part de responsabilité dans tout cela.

— L'avion rebondit?

— Pas précisément, mais son vol est affecté par les mouvements de l'air.

— Un peu comme un bateau dans de fortes vagues ou une voiture sur une route mal entretenue...

— C'est la comparaison que je fais moi-même lorsque je suis en pleine turbulence dans les airs. Pour éloigner la peur, bien normale dans ces circonstances, je me dis toujours que ce n'est pas plus terrible que de rouler en jeep sur un chemin de terre bosselé en pleine brousse.

— Et votre peur s'éloigne?

— Complètement. Et puis, ça ne dure jamais trop longtemps. Les pilotes savent éviter les trop fortes zones de turbulences. Et même si l'appareil est vivement secoué, on sait bien qu'il est construit pour résister à ce genre de phénomène.

L'avion écologique : l'avion à pédales ! Bryan Allen, champion cycliste américain, a traversé la Manche en 1979 à bord d'un tel appareil en pédalant pendant 2 h 49 min. Léonard de Vinci avait conçu un avion semblable en 1496 !

Combien y a-t-il de litres de sang dans le corps d'un adulte?

— C'est malheureusement confirmé, dit Cyrus à son neveu. Ton père, ainsi que deux autres hommes d'affaires, un Allemand et un Britannique, a été enlevé par des rebelles.

Tibérius pâlit d'un coup.

— J'ai peur, confie-t-il.

— Moi aussi. Mais il faut continuer à vaquer à nos occupations et nous occuper l'esprit.

— Facile à dire! Ma mère est à Bornéo et mon père est prisonnier!

— C'est dur, je l'admets. Mais, ensemble, nous ferons face. Et puis, il faut continuer à vivre. Tiens, pour te changer les idées... sais-tu combien notre corps contient de litres de sang?

— Je n'ai pas envie de le savoir.

— Fais un effort, dit Cyrus.

— Alors? soupire Tibérius.

— Un adulte a, en moyenne, de cinq à six litres de sang.

— Pas plus? J'aurais dit vingt...

— Eh bien, non. Tu sais, je suppose, qu'il existe quatre groupes sanguins : A, B,

AB et O. On doit aussi tenir compte du facteur rhésus, positif ou négatif. Le groupe AB est un receveur universel.

— Pourquoi?

— Parce qu'on peut transfuser tous les autres types de sang à une personne de type AB. Une personne de type A ne peut recevoir de sang de type B, mais elle peut recevoir du sang de type O. Le type O est le donneur universel, car il est compatible avec tous les autres, mais il ne peut recevoir que du sang de type O.

— Ça me semble bien compliqué.

— Un adulte peut donner quatre cent cinquante millilitres de sang tous les soixante-dix jours.

— Sans mourir?

— Évidemment, sans mourir. Chez une personne en santé, le sang se renouvelle intégralement en vingt-quatre heures.

— À partir de quel âge peut-on donner du sang?

— Ne crains rien, tu es trop jeune encore. On peut donner de son sang dès l'âge de dix-sept ans et ce, jusqu'à soixante-dix ans.

— J'ai horreur des piqûres!

— Pense aux vies que les transfusions sanguines ont sauvées! Je t'ai dit que le corps d'un adulte contenait de cinq à six litres de sang. C'est peu. En cas de blessures ou d'opérations graves, les réserves du patient ont besoin d'être renouvelées.

— Mouais...

— Le sang est indispensable à la vie, poursuit le savant. C'est lui qui transporte l'oxygène des poumons vers les organes et qui ramène aux poumons le gaz carbonique produit par les organes. Le sang véhicule également les substances nutritives de l'intestin vers les tissus et les déchets de l'organisme vers les reins, afin qu'ils soient expulsés dans l'urine.

— Arrêtez, tonton. Vous me donnez le tournis!

— Troisième et dernière fonction du

sang : défendre, grâce aux globules blancs, l'organisme contre les agresseurs, microbes, virus et germes de toute sorte. Voilà !

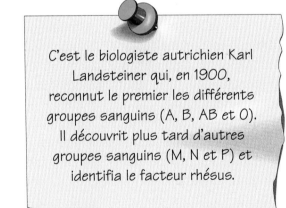

C'est le biologiste autrichien Karl Landsteiner qui, en 1900, reconnut le premier les différents groupes sanguins (A, B, AB et O). Il découvrit plus tard d'autres groupes sanguins (M, N et P) et identifia le facteur rhésus.

Où vont les étoiles filantes?

— Garance! crie Cyrus. Ça suffit! Tu ne vas pas passer la soirée avec un pareil chapeau sur la tête!

— Je serai protégée! Il n'y a pas de risque à prendre! répond la fillette sur le même ton.

— Écoute! Ni Jérémie, ni Aude, ni Émile ne se sont affublés d'un pareil attirail. Nous allons voir des étoiles filantes, Garance. Nous ne partons pas à la guerre.

Garance porte un ancien casque de l'armée qui a appartenu à son grand-père.

— Si une étoile filante me tombe sur la tête, hein? siffle Garance entre ses dents.

— Si tu étais sur la Lune, il y aurait des raisons d'avoir peur. Mais sur la Terre, non, précise Cyrus.

— Pourquoi donc? demande durement Garance, qui a horreur d'être prise en défaut.

— Quel caractère, ma pauvre! Tu tiens à ce que je te l'explique ou bien tu veux vraiment passer la soirée dans cet accoutrement ridicule?

Garance soupire en retirant son casque.

— Les étoiles filantes, vois-tu, ne sont

pas des étoiles. Ce sont des météores de petite taille qui entrent dans l'atmosphère terrestre à cent kilomètres à l'heure...

— Raison de plus pour avoir peur, dit Garance en remettant son casque.

Gratte-Bedaine en profite pour gémir un bon coup : il a horreur de ce genre de vision.

— C'est toi qui fais peur à Gratton! dit Cyrus, moqueur. À cette vitesse-là, quand les météorites entrent en contact avec l'atmosphère, ça chauffe!

— Ça brûle? demande Garance.

— Ça brûle, ça prend feu lorsqu'il y a présence de particules de fer ou de nickel, de sorte qu'il n'en reste pratiquement rien quand la météorite touche le sol terrestre. Il n'y a donc aucun danger.

— Pourtant, il en est tombé, des météorites, sur la Terre!

— Oui, mais on les voit venir! Avec tous les appareils électroniques, les satellites et les télescopes dont nous disposons, la chute de météorites dangereuses est maintenant prévisible.

— Et pourquoi m'avez-vous dit que ce serait différent sur la Lune?

— Parce que la Lune n'a pas d'atmosphère! C'est notre atmosphère qui freine la chute des météorites. Or, comme il n'y a pas d'atmosphère sur la Lune, les météorites tombent à toute vitesse sur le sol lunaire, y creusant des cratères de différentes dimensions.

— Pourquoi les météorites qui tombent sur la Lune creusent-elles de grands cratères?

— Parce qu'elles ne se désintègrent pas comme celles qui tombent chez nous! Rien ne les arrête, rien ne les fait s'effriter.

— Bon, fait Garance avec un soupir. Je crois que vous avez raison. Je vais tout de suite rapporter ce casque où je l'ai pris. Et d'ailleurs, je n'avais pas la permission de l'emprunter, ajoute-t-elle à voix basse.

— Garance!

— Autre chose, Cyrus... Si jamais il m'arrivait quelque chose, n'importe quoi, est-ce que vous sauriez me protéger?

— Des loups? Des orages? Des ours? Ne

crains rien, Garance, nous serons à cinq kilomètres d'ici, sur une montagne tout à fait civilisée...

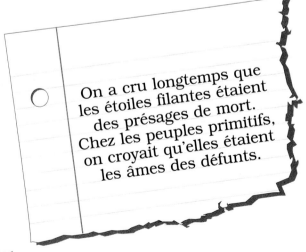

On a cru longtemps que les étoiles filantes étaient des présages de mort. Chez les peuples primitifs, on croyait qu'elles étaient les âmes des défunts.

Pourquoi les pingouins et les phoques vivent-ils au pôle Nord?

— Où ont-ils emmené mon père? demande Tibérius.

— Impossible de le savoir pour l'instant, répond Cyrus. On cherche à les repérer. Mais cela relève des services secrets.

Enveloppé dans un édredon, Tibérius fixe les dessins de la housse, ornée de phoques et de pingouins qui s'entremêlent en un curieux dessin.

— Oncle Cyrus, pourquoi les pingouins et les phoques vivent-ils au pôle Nord?

— Clarifions, dit le savant en faisant claquer sa langue. *Primo*, les phoques ne vivent pas tous au pôle Nord; *secundo*, il faut distinguer entre pingouins, manchots et autres pinnipèdes.

— Est-ce si compliqué?

— La famille des phoques comprend entre autres le veau marin, le léopard de mer et l'éléphant de mer. Ils sont véritablement marins. Sur terre, ils se déplacent difficilement. Les otaries et les morses, qui sont aussi des pinnipèdes, sont plus à l'aise sur terre. Ils se servent de leurs nageoires comme de pattes.

— Oh...

— Certains phoques passent leur vie dans le lac Baïkal, en ex-Union soviétique, lac situé à mille cinq cents kilomètres de l'océan. Certaines espèces de phoques, comme les phoques moines de la Méditerranée et des îles Hawaï, vivent dans les mers chaudes. L'otarie à fourrure des îles Galapagos s'est établie dans cette région proche de l'équateur à cause du courant froid de Humboldt.

— Vous m'étonnez!

— Les animaux s'installent dans les milieux propices à leur survie, là où la nourriture abonde, où ils peuvent se reproduire en toute quiétude. Les pinnipèdes qui vivent dans l'Arctique sont très bien adaptés au froid. Une épaisse couche de graisse et une fourrure serrée les protègent du froid.

— Et les pingouins?

— Contrairement à ce qu'on pense souvent, les pingouins volent très bien. Ils nichent sur les falaises arctiques, et plus au sud jusqu'en Bretagne. Les guillemots et les macareux sont leurs parents.

— Et les manchots?

— Ils ne volent pas. Ils vivent sur les côtes de l'Antarctique et sur les côtes subtropicales de l'Australie, de l'Amérique du Sud, de l'Afrique et des îles Galapagos. L'hiver, la colonie se déplace vers l'océan Antarctique.

— Pourquoi?

— Ces eaux échappent à l'emprise des glaces. Les manchots y trouvent donc une nourriture abondante.

— Pourquoi vivre dans l'Antarctique plutôt que dans l'Arctique? demande Tibérius.

— Les manchots sont cloués au sol. S'ils vivaient au pôle Nord, ils mourraient de faim, car la mer est recouverte de glace pendant tout l'hiver. Dans l'Antarctique, les seuls prédateurs des manchots sont les phoques. S'ils s'étaient installés sur les rives de l'Arctique, les man-

chots, comme l'espèce des grands pingouins, auraient disparu, victimes des
grands prédateurs, ours, loups et...
hommes!

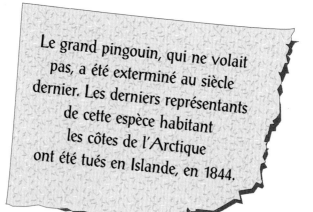

Le grand pingouin, qui ne volait
pas, a été exterminé au siècle
dernier. Les derniers représentants
de cette espèce habitant
les côtes de l'Arctique
ont été tués en Islande, en 1844.

Pourquoi ne reconnaît-on pas sa voix lorsqu'on l'entend à la radio ou sur un enregistrement?

— Nous venions l'inviter à nous accompagner au cirque! disent ensemble Théodora et Éléni.

— Tibérius a dit qu'il passait la soirée à lire, mes chères demoiselles. Il a même insisté pour qu'on ne le dérange sous aucun prétexte.

— C'est dommage, fait Théodora en rougissant.

— Il n'a toujours pas de nouvelles de son père, vous comprenez? Cela l'inquiète infiniment. Prendriez-vous tout de même un peu de gâteau? offre Cyrus aux deux jeunes filles.

— Avec plaisir, répond Éléni en souhaitant très fort que Tibérius sorte de sa tanière, pour le grand plaisir de son amie Théodora.

Attablée devant un morceau de gâteau à l'orange noyé sous une masse de crème, Théodora ne quitte pas l'escalier des yeux.

— Cyrus, demande-t-elle, peut-être pourriez-vous répondre à une question que je me pose depuis longtemps.

«Elle veut faire passer le temps», se dit Éléni.

— Pourquoi est-ce qu'on ne reconnaît pas sa voix lorsqu'on l'entend à la radio ou sur un enregistrement?

— Tu fais de la radio? s'informe Cyrus.

— Non. J'ai enregistré des poèmes sur cassette et...

«Des poèmes d'amour pour Tibérius», songe Éléni en riant intérieurement.

— Si tu ne reconnais pas ta voix, c'est que tu l'entends, toi, de l'intérieur.

— Mais ma voix sort de ma bouche!

— Tu l'entends tout de même de l'intérieur parce que ton crâne sert de caisse de résonance. Lorsque tu parles, même si la voix sort de ta bouche, tu entends des vibrations internes que personne d'autre que toi ne peut percevoir.

— J'ai remarqué quelque chose de curieux, souligne Éléni. On n'a pas toujours la même voix d'un enregistrement à l'autre.

— Il y a bien des facteurs qui peuvent

déformer la voix. La vitesse d'enregistrement, par exemple. Si le magnétophone que tu utilises ne tourne pas à la bonne vitesse, cela rendra ta voix plus grave ou plus aiguë. La qualité du micro peut aussi faire une différence, de même que la réverbération du son dans la pièce où tu effectues ton enregistrement. Même dans un studio de radio ou de télévision, de légères modifications techniques peuvent altérer la voix.

— Donc, je n'entends jamais ma voix comme les autres l'entendent, dit Théodora. Ma vraie voix, c'est celle que j'entends sur le magnétophone...

— S'il est de bonne qualité et s'il fonctionne parfaitement bien, précise Cyrus. Mais ta vraie voix, ce pourrait être celle que tu es la seule à entendre... Tu sais, Théodora, c'est un peu comme quand tu te regardes dans un miroir. Selon la qualité du miroir, tu te vois d'une façon différente. Il y a des miroirs qui déforment un tout petit peu et qui te font paraître un peu plus boulotte que tu ne l'es en réalité.

— Ce qui arrivera si tu reprends du gâteau, coupe Éléni. Et maintenant, au cirque ! Merci, Cyrus.

— Et bonsoir à Tib, ajoute Théodora.

À propos d'audition : la surdité totale est très rare. Elle ne toucherait qu'un individu sur mille, et il s'agit alors d'une surdité de naissance. La surdité partielle vient en général avec l'âge. Certains accidents ou une infection de l'oreille moyenne peuvent également causer la surdité.

Pourquoi les animaux ne sourient-ils pas?

— L'attente est insupportable! se plaint Tibérius.

— Je sais, compatit Cyrus. Et si on se contait de bonnes blagues? ajoute-t-il. Le rire est bon pour la santé, il est thérapeutique.

Assis aux pieds de son maître, Gratte-Bedaine attend. Le savant grignote des raisins de Corinthe, dont le chien raffole.

— De quelle couleur est le cheval blanc d'Henri IV?

— Trouvez mieux, oncle Cyrus!

— Deux ballons, un jaune et un bleu, se promènent dans le désert. Le jaune dit au bleu : «Regarde! Un cactussss... sss...sss!»

Tibérius éclate de rire, mais Gratte-Bedaine demeure de marbre.

— Pourquoi les animaux ne sourient-ils pas?

— Le sourire, dit Cyrus, tout comme le rire, d'ailleurs, est le propre de l'homme.

Le sourire fait appel à l'intelligence.

— Mais les singes! rétorque Tibérius. Ils rient, eux.

— Non, pas vraiment. Tout au plus font-ils des grimaces. Tu peux toujours conter une histoire drôle à un singe, il n'en rira jamais.

— C'est vrai, admet le garçon.

— Pour rire d'une histoire drôle, il faut avoir de l'imagination et de la mémoire. Il faut un cerveau capable d'établir des liens intelligents. Les animaux en sont incapables.

— Nous sourions aussi lorsque nous sommes heureux...

— Les animaux manifestent leur contentement autrement.

— Gratte-Bedaine remue la queue, saute ou jappe lorsqu'on revient à la maison.

— Effectivement, mais il ne sourit jamais, précise Cyrus.

— Alice, elle, ronronne de toutes ses forces.

— Chez le chat, explique Cyrus, le ronronnement n'est pas toujours l'expression du bonheur. Certains chats ronronnent quand ils sont blessés et qu'ils souffrent.

— Ah bon! s'étonne Tibérius.

— Tu sais, la morphologie animale, la

manière dont ils sont faits, ne facilite pas le rire.

— Je ne comprends pas bien.

— Prenons Gratte-Bedaine. Observe ses babines. Il peut ouvrir et fermer la gueule. Ses lèvres, contrairement aux tiennes, n'ont pas une grande mobilité.

— Vous avez raison. C'est pareil pour Alice ou pour Sashimi.

— Pense aussi aux oiseaux, qui ont des becs rigides, suggère le savant. Difficile pour eux de sourire!

— Je commence à comprendre. Les animaux, qu'ils soient grenouilles, serpents, perroquets, chiens ou chats, ne sont pas équipés pour rire ou sourire.

— Les muscles de leur face ne sont pas destinés à cet usage. Ils n'en ont pas besoin.

— Je vois, dit Tibérius. Connaissez-vous celle-ci? Deux grenouilles se promènent sur le chemin. «Oh! dit la première. Un rouleau compresseur!» «Quoi? répond l'autre. Où? Quel...pfuit! rouleau... pfuit! compresseur... pfuit!?»

— Sordide! commente le savant.

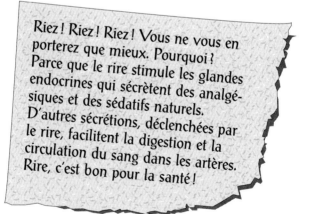

Riez! Riez! Riez! Vous ne vous en porterez que mieux. Pourquoi? Parce que le rire stimule les glandes endocrines qui sécrètent des analgésiques et des sédatifs naturels. D'autres sécrétions, déclenchées par le rire, facilitent la digestion et la circulation du sang dans les artères. Rire, c'est bon pour la santé!

Je suis très heureuse
d'avoir une aussi belle famille.
Cyrus, Tibérius et Gratte-Bedaine
me font la vie heureuse.
Vous me suivez dans le prochain tome ?

Table des matières

Index

Remerciements

Nous tenons à remercier tous ceux qui, de près ou de loin à la SRC, ont préparé le terrain pour que naisse un jour *Cyrus, l'encyclopédie qui raconte.*

Créée par monsieur Jean-Pierre Paiement pour les enfants de 6 à 12 ans, l'émission *275-Allô* est diffusée à la radio AM de Radio-Canada depuis 1989. Parmi près de cinq mille questions posées par des enfants à l'émission sur une multitude de sujets, nous avons choisi les plus intéressantes et les plus universelles.

Nous voulons ici honorer la mémoire de monsieur Michel Chalvin, qui a réalisé l'émission depuis ses débuts jusqu'au moment où il est décédé en 1994.

Nos remerciements vont tout particulièrement aux animateurs de l'émission, Anne Poliquin et Michel Mongeau, aux précieuses recherchistes Joceline Sanschagrin et Élaine Doyon, ainsi qu'au réalisateur de l'émission, Louis-Yves Dubois, qui savent, tous les cinq, vulgariser une matière souvent fort complexe et la rendre accessible aux enfants.

L'enthousiasme de madame Hélène Messier, chef du service des droits d'auteur à la SRC, ainsi que de messieurs Pierre Tougas et Jean-François

Doré, directeurs de la radio AM de Radio-Canada, nous a permis de mener à bien cette vaste aventure encyclopédique.

Nous tenons également à remercier les éditions Larousse, qui nous ont aimablement fourni les outils nécessaires à la vérification de la matière.

Nous voulons enfin souligner la précieuse collaboration de Martine Podesto, qui a vérifié le contenu de ces ouvrages, ainsi que de Diane Martin et Michèle Marineau, qui en ont assuré la correction.

Cyrus, l'encyclopédie qui raconte est illustrée par l'équipe de Québec/Amérique International, à qui nous tenons à exprimer toute notre admiration.

Notre plus grand merci va, bien sûr, à tous les enfants curieux qui posent de si justes questions...